经济管理学术文库·经济类

全球价值链视角下
中国产业转型升级研究

China's Industrial Transformation and Upgrading in the Context of Global Value Chain

白　清／著

经济管理出版社
ECONOMY & MANAGEMENT PUBLISHING HOUSE

图书在版编目（CIP）数据

全球价值链视角下中国产业转型升级研究/白清著. —北京：经济管理出版社，2018.8

ISBN 978-7-5096-5859-8

Ⅰ.①全…　Ⅱ.①白…　Ⅲ.①产业结构升级—研究—中国　Ⅳ.①F269.24

中国版本图书馆 CIP 数据核字（2018）第 141043 号

组稿编辑：杨国强
责任编辑：杨国强　张瑞军
责任印制：黄章平
责任校对：董杉珊

出版发行：经济管理出版社
　　　　　（北京市海淀区北蜂窝 8 号中雅大厦 A 座 11 层　100038）
网　　址：www. E-mp. com. cn
电　　话：（010）51915602
印　　刷：三河市延风印装有限公司
经　　销：新华书店
开　　本：720mm×1000mm/16
印　　张：13.25
字　　数：202 千字
版　　次：2018 年 8 月第 1 版　　2018 年 8 月第 1 次印刷
书　　号：ISBN 978-7-5096-5859-8
定　　价：68.00 元

前　言

　　20世纪七八十年代以来，经济全球化的发展对全球生产和贸易方式产生了重大影响。发达国家跨国公司将产品生产过程分成研发、设计、生产、分销、售后等不同环节，根据全球不同国家或地区的比较优势，将各个环节配置于适合其要素禀赋发展的地区，实现了资源的最优配置，格雷菲等学者将这一过程称为全球价值链。全球价值链的形成标志着国际分工格局由产品间分工细化到了产品内分工，即产品工序分工。在这一新分工格局下，企业生产组织方式由垂直一体化生产向归核化生产转变，中间品贸易成为国际贸易的主要方式，海外分包、转包、生产和服务外包等产品内分工新形态不断盛行。发达国家跨国公司集中其核心资源在全球价值链的研发、设计、营销等高附加值环节，并将生产加工、制造等低附加值环节转移到劳动力成本低的发展中国家。国际产业转移引起了产业链在全球范围内的重构，全球产业竞争焦点由产品向价值链环节转变，一国或企业的竞争优势越来越体现在其所在的全球价值链核心环节及其对全球价值链的系统整合能力方面，跨国公司成为全球价值链发展的主要驱动者和治理者。

　　我国东部沿海地区抓住了经济全球化下发达国家在全球布局产业链的机遇，凭借低劳动成本、土地等优势，有效承接发达国家转移的制造环节，通过代工方式融入了全球价值链，发展成为全球重要的加工制造基地和世界第一大出口国。但在全球价值链俘获型治理结构下，"以市场换技术"战略未见成效，我国为外资企业提供了广阔的市场，却没有换来核心技术。发达国家领导企业牢牢控制着核心技术、品牌、关键市场渠道，使得我国制造商在进口核心零部件和产品出口等方面，对发达国家领导企业形成了很强的依赖，代工企业被压制在全球价值链的低端，自主创新动力不足。

金融危机后，随着国外经济衰退，外需疲软和我国劳动力、土地、资源等要素价格的上涨及环境承载能力的下降，我国依靠低成本比较优势嵌入全球价值链低端，充当发达国家加工制造中心的路径已难以为继，如何提升我国在全球价值链分工中的地位，推动我国产业转型升级成为目前亟待解决的问题。

全球价值链分工，已成为主要的国际分工形式，引起了全球产业格局的重塑。我国产业结构转型升级到了关键期，在我国对外开放水平不断提升的情形下，研究我国产业结构转型升级，必须放在全球价值链大背景下。

本书以全球价值链下我国产业转型升级为主线，利用理论推演与归纳分析、历史经验分析等方法，系统梳理和归纳了全球价值链理论及全球价值链下产业升级理论；分析了全球价值链下生产性服务业促进制造业升级的内在机理与机制；结合产业转型升级成功的国际经验和我国产业升级现状，探讨全球价值链下我国产业升级的主要制约因素和升级路径。

除导论外，本书的主要内容分五部分：第一部分包括第二章和第三章，解决什么是全球价值链的问题。第二章对全球价值链理论及其相关文献进行了梳理。第三章具体分析了全球价值链的结构体系和收益分配情况，引出了全球价值链下发展中国家产业升级的紧迫性和必要性。

第二部分包括第四章和第五章，研究全球价值链视角下的产业升级理论。第四章分析了全球价值链下的产业升级路径、发展中国家嵌入全球价值链的产业升级机会与障碍，以及不同价值链驱动模式下的产业升级轨迹与不同治理结构下的产业升级情况。鉴于全球价值链两端的高附加值环节都是生产性服务业，且结合全球当下制造业与生产性服务业融合及互联网信息化促进制造业升级趋势。第五章具体分析了全球价值链下生产性服务业促进制造业转型升级的内在机理与升级机制。

第六章是第三部分，分析了全球价值链下产业转型升级的国际经验，包括美国、日本、印度的产业转型升级历程、成功经验及对我国的启示。

第七章是第四部分，分析了全球价值链对全球产业格局和贸易格局的影响。

第八章是第五部分，在借鉴国际经验和分析了全球价值链带来全球产业格局和贸易格局新变化的情形下，研究我国嵌入全球价值链进行产业升级的路径。第八章具体分析了全球价值链下我国产业转型升级的现状及主要制约因素，并从企业微观层面、区域中观层面和国家宏观层面提出了全球价值链下我国产业转型升级的路径。

所以，基于全球价值链视角研究我国产业转型升级的路径，从企业层面看，要通过工艺流程创新、产品创新、研发、品牌功能升级，推进我国企业参与全球价值链的中高端制造和服务环节；从区域层面看，以东部地区为中心，设立总部经济、研发中心，中西部地区承接产业转移，布局生产制造网络；从国家层面看，构建我国拥有核心竞争力的自主价值链，实现链条升级，由在全球价值链中的"被治理"转型升级为国内价值链的"以我为主"，把扩大内需与拓展外部战略空间和增加对外直接投资有机结合起来，实现国内价值链与全球价值链的有效衔接，提升我国在全球价值链分工中的地位，促进产业升级。

目　录

第一章 导 论

第一节 研究背景和意义

一、研究背景

20世纪90年代，经济全球化、贸易与投资自由化及信息技术的发展加速了产品生产各环节在全球范围内的分离与整合。发达国家跨国公司将生产组织方式由之前纵向一体化的垂直层级管理变为横向一体化的归核化管理，即将自己的核心能力集中在产品研发、营销等高附加值环节，而将非核心加工制造环节外包给更具比较优势的发展中国家。全球价值链理论成为分析这一变化的有效工具，全球产业竞争焦点由产品向价值链环节转变，一国或企业的竞争优势越来越体现在其所在的全球价值链核心环节及其对全球价值链的系统整合能力方面，跨国公司成为全球价值链发展的主要驱动者和治理者。

在全球价值链分工背景下，发达国家的制造环节转移为发展中国家制造业发展提供了前所未有的机遇。一些发展中国家在为发达国家加工制作产品过程中，通过干中学、知识、技术溢出效应等，获得代工和生产能力的提升，逐步由加工中心向研发、设计中心转型，并创建自己的品牌，成功实现本国产业升级，典型的如亚洲"四小龙"等国。但也有一些发展中国家，在充当发达国家加工制造中心的过程中，没有及时学习和更新技术，构建本国主导产业，在本国劳动、土地等要素成本优势消失时，面临着发达国家转移加工中心，本国产业空心化的危机，如"拉美陷阱"。可见，一国嵌入全球价值链，能否实现产业的升级取决于其自身学习和自主创新的有效结合程度。

由此分析中国产业嵌入全球价值链的情况。改革开放以来，我国东部地区抓住了经济全球化下发达国家在全球布局产业链的机遇，凭借劳动力、土地等成本低的优势，有效承接发达国家转移的制造环节，通过代工方式融入了全球价值链，发展成为全球重要的加工制造基地和世界第一大出口国。但我国在全球价值链分工中获得的收益却很少，这是由于我国缺乏核心技术和品牌运营能力，从而长期被锁定在全球价值链的最低端。金融危机后，随着国外经济衰退，外需疲软和我国劳动力、土地、资源等要素价格的上涨和环境承载能力的下降，我国依靠低成本比较优势嵌入全球价值链低端，充当发达国家加工制造中心的路径已难以为继，如何提升我国在全球价值链分工中的地位，推动我国产业转型升级成为目前亟待解决的问题。

在我国产业面临转型升级的关键期，第四次工业革命的到来为我国产业转型升级带来了新机遇。以信息物理网络为基础，生产高度智能化、数字化、网络化和服务化为一体的第四次工业革命推进传统制造业向先进制造业转型。当前，全球各国都在快速发展本国先进制造业，美国的"再工业化"战略以及德国提出的"工业4.0"战略与我国提出的工业化与信息化深度融合、"中国制造2025"不谋而合。在全球价值链重塑的关键期，发展本国先进制造业和战略性新兴产业成为各国抢占产业竞争制高点的关键。

同时，我国国内市场显现出巨大的消费潜力，本土"80后""90后"中产阶级队伍正逐步成为消费的主力，推进我国本土市场消费结构逐步由哑铃型向橄榄型升级，物质型向服务型升级。所以，我国突破全球价值链低端锁定路径，实现产业转型升级的根本战略是构建基于本土市场的国内价值链，由内需驱动企业创新，培育一批掌握自主知识产权、终端销售渠道和民族品牌的本土跨国企业，建立本国先进制造业和知识密集服务业主导的现代产业体系，形成以东部地区为总部经济、研发和设计中心，中西部地区为制造生产基地的全国生产网络。在我国构建国内价值链的同时，并不是要封闭发展，而是要不断提高我国经济开放水平，充分利用国内、国外两个市场，由培育的本土跨国公司，在全球范围内吸收、整合高端要素，由在全球价值链中的"被治理"转型升级为国内价值链的"以我为主"，向全球价值链的高端环节跃升，实现国内价值链与全球价值链的有效衔接。

二、研究意义

（一）理论意义

目前，国外学者对全球价值链下发展中国家产业升级的路径研究，主要是沿着 OEM-ODM-OBM，从工艺、产品升级向功能、链条升级跃升，以"亚洲四小龙"为成功案例。但该升级路径其中的具体传导机制，缺乏理论基础研究，而且对规模不等、发展水平各异的发展中国家来说，不一定普遍适用。鉴于我国当前国内市场需求庞大、区域发展差异大等现实，提出构建区域价值链和国内价值链，有利于丰富全球价值链理论，且对全球价值链下发展中大国产业升级路径的探索有很强的借鉴意义。

（二）现实意义

改革开放后，我国东部地区抓住了经济全球化下发达国家在全球布局产业链的机遇，凭借低劳动成本、土地等优势，有效承接发达国家转移的制造环节，通过代工方式融入了全球价值链，发展成为全球重要的加工制造基地和世界第一大出口国，但按照全球价值链分工来计算，我国所获得的分工利益却很少。而且，在全球价值链俘获型治理结构下，我国"以市场换技术战略"并未见效，我国为外资企业提供了广阔的市场，却没有换来核心技术。我国代工制造商通过干中学，获得工艺和产品升级，但核心技术、品牌、关键市场渠道等却牢牢地由发达国家领导企业控制，致使代工企业在核心零部件进口和产品出口市场等方面对领导企业形成很强的依赖，自主创新动力不足，被压制在全球价值链的低端。

金融危机后，随着我国东部劳动力、土地、资源等要素价格的上涨，大量外资企业从我国东部地区撤离，许多加工制造企业面临破产。我国依靠低成本比较优势嵌入全球价值链低端的路径已难以为继。如何提升我国在全球价值链分工中的地位，推动我国产业转型升级成为目前亟待解决的问题。"十二五"规划明确提出，要以科学发展为主题，以加快转变经济发展方式为主线。按照联合国标准，我国已进入中等收入国家行列。这一时期，我国需要通过经济结构转型，把扩大内需与拓展外部战略空间和增加对外直接投资有机结合起来，实现内外部均衡发展，以避免陷入"中等收入陷阱"。

所以，建立我国的自主价值链体系，大力发展国际工序分工体系中的中高端制造和服务环节，在全球价值链中占据有利位置，对加快我国产业结构升级和经济发展方式转变有很强的现实意义。

第二节　研究思路与方法

一、研究思路

当今，经济全球化和区域经济一体化的快速发展对全球生产及贸易格局产生了重要影响，尤其是在此基础上产生的全球价值链分工，已成为主要的国际分工形式，引起了全球产业格局的重塑。我国产业结构转型升级到了关键期，在我国对外开放水平不断提升的情形下，研究我国产业结构转型升级，必须放在全球价值链大背景下。

本书的研究思路分五部分，第一部分包括第二章和第三章，解决什么是全球价值链的问题，第二章对全球价值链理论及其相关文献进行了梳理。第三章从全球价值链本身的结构体系出发研究了其价值等级体系特征、动力机制和治理结构，并分析了全球价值链下的收益分配决定因素和不均衡的收益分配现状，从而提出了全球价值链下发展中国家产业升级的紧迫性和必要性。

第四章和第五章是第二部分，研究全球价值链下的产业升级问题。第四章分析了全球价值链下的产业升级路径、不同价值链驱动模式下的产业升级轨迹与不同治理结构下的产业升级轨迹。鉴于全球价值链两端的高附加值环节都是生产性服务业，且结合全球当前制造业与生产性服务业融合，生产性服务业促进制造业升级趋势。第五章具体的分析了全球价值链下生产性服务业促进制造业转型升级的内在机理与升级机制。

第六章是第三部分，研究全球价值链下，日本、美国及印度产业转型升级的历程与成功经验，以对我国产业转型升级产生重要启示。

第七章是第四部分，分析了全球价值链对全球产业格局和贸易格局的影响，揭示全球价值链分工下，全球产业结构和贸易格局发生的新变化，为我国在新的全球产业格局和贸易格局下进行产业转型升级提出正确的方向。

第八章是第五部分，在借鉴国际经验和分析了全球价值链带来全球产业格局和贸易格局新变化的情形下，分析我国嵌入全球价值链，进行产业升级的路径。第八章具体分析了全球价值链下我国产业转型升级的现状及主要制约因素，并从企业微观层面、区域中观层面和国家宏观层面提出了全球价值链下我国产业转型升级的路径。

二、研究方法

本书主要应用产品内分工理论、全球价值链理论和产业结构升级理论，同时借鉴比较优势理论、新贸易理论中的规模经济及新制度经济学的新新贸易理论等观点，结合嵌入全球价值链的中国产业升级现状，系统研究全球价值链下中国产业升级的路径，具体研究方法主要有三个方面：

第一，文献研究。查阅了近年来国内外专门研究全球价值链理论的著名学者的大量学术文献和出版的丛书，并在国内外相关学术网站、国际会议、政府报告、杂志上等跟踪和学习与全球价值链及产业升级理论相关的最前沿观点。

第二，理论归纳与引申研究。本书通过系统总结 Gereffi、Kaplinsky、Morris 等学者的全球价值链理论，在学习、借鉴其研究成果的基础上，结合中国产业升级的现状，对全球价值链理论进行了引申，提出了构建国内价值链的设想，以期为陷在全球价值链低端的中国产业寻求可行的突破路径。

第三，历史经验分析法。本书回顾并分析了日本、美国及印度的产业升级历史进程及其成功经验，以期找出历史上相似发展阶段的经验对我国产业升级的启示。

第三节　创新与不足

一、创新点

（1）我国产业结构转型升级方面的研究大多是从宏观视角，本书提出了从全球价值链视角研究我国产业转型升级，既与当下国际分工的新特点契合，同时也是中国在开放经济条件下提升我国在全球价值链中的分工地位，获得更多分工收益的必然要求。

（2）借鉴前人研究成果，对全球价值链理论进行系统梳理和整合，并结合中国当前产业发展的现状，提出了构建国内价值链背景下中国产业转型升级的路径，以使得中国产业通过链条升级突破全球价值链底部锁定的路径。

（3）突出了生产性服务业在推进产业向全球价值链高端攀升的重要作用，并分析了全球价值链下生产性服务业促进制造业转型升级的内在机理和升级机制。

二、存在的不足与进一步研究的问题

（1）全球价值链分工作为当前国际分工的主要形式，全球价值链理论引起了国内外学者的广泛关注和研究。虽然目前研究全球价值链的国内外相关理论文献很多，但缺乏支持理论分析的实证研究，这也是本书的一大不足之处。

（2）在构建国内价值链方面，本书仅提出了总体的产业升级路径，现实下中国的产业结构升级是多因素作用的结果，根据国内价值链构建下产业升级的路径，选取相关影响因素指标、收集数据，实证分析国内价值链构建的可行性及升级效益，是下一步研究的问题。

第二章　理论基础与文献综述

第一节　全球价值链分工理论基础

分工是贸易的基础，从国际贸易理论发展史看，国际分工形式演进过程伴随着国际贸易理论的发展演变。从古典贸易理论的绝对优势理论、比较优势理论及新古典贸易理论的要素禀赋理论到基于规模经济、不完全竞争市场结构的新贸易理论进而发展到融合了新制度经济学的新新贸易理论。国际分工也经历了产业间分工、产业内分工到产品内分工的深化。

当今，经济全球化的一个显著特征是中间品贸易增长速度超过了 GDP 增长速度。中间品贸易的盛行反映了当代国际分工形式的变化。20 世纪初的贸易是基于产业间分工，主要是最终产品间的贸易，而 20 世纪末的贸易是基于产品内分工，主要是中间品贸易。产品内分工理论是研究全球价值链这一新国际分工现象的理论基础。

一、国外产品内分工理论研究综述

产品内分工理论研究最早可追溯到 20 世纪 60 年代。Melvin（1969）最早使用垂直两阶段模型分析某种产品作为中间品投入生产的产业间产品流动关系。到 20 世纪 70 年代，随着发展中国家工业制成品出口的增加，

Helleiner（1973）对这一新贸易现象进行了研究，发现其与发达国家将劳动密集型环节转移到低工资的发展中国家进行垂直一体化生产相关。Finger（1975）分析了美国离岸组装运作，这些研究形成了产品内分工理论的雏形。

20世纪80年代后，产品内分工出现了许多不同形态，如全球外包、海外外包、分包及转包等，引起了不同学科领域学者们关注。经济学、管理学及地理学等领域学者侧重不同视角使用了大量不同的术语研究。Poter（1985）将企业价值创造过程按生产流程分解，提出了"价值链"；Kougut（1985）提出了"价值增值链"概念，将研究拓展到了企业界限外，反映了产品生产各环节在全球垂直分离和再构的过程；Krugman（1994）提出了"价值链分割"；Feenstra（1998）将全球经济的"贸易一体化"与"生产的垂直分离"结合研究世界市场整合过程中的价值链环节分解；Jones和Kierzkowiski（2005）将产品生产各环节在全球空间范围内分离配置的过程称为"零散化生产"，并指出推动此过程的主要因素是比较优势与规模经济。Arndt和Kierzkowski（2001）发表了论文集《零散化：世界经济的新生产形态》，总结了产品内分工的相关研究成果，推进了产品内分工理论的完善。

在产品内分工盛行现实下，学者们开始研究产品内分工带来的全球贸易模式的变化。从产品工序纵向国际分工角度，Hummel、Rapoport和Kei Mu Yi（1998）提出垂直专业化分工，将其定义为：最终产品生产过程可被分解为多个连续的环节；有两个或两个以上国家在不同环节进行专业化生产；至少有一个国家通过进口投入品进行生产再出口。他们使用投入产出表数据度量20世纪90年代垂直分工贸易，发现垂直分工贸易是90年代世界贸易总额增长的主要原因，其中，通信技术的进步和贸易壁垒的下降推动了垂直分工贸易的发展。Yeats（2001）研究了东亚地区零部件贸易，发现零部件等中间品贸易占贸易总额大幅上升。无论是零部件统计法还是投入产出法，都为产品内分工研究提供了重要的度量方法，并得出结论，即随着产品内分工的深入发展，垂直分工贸易将成为全球贸易的重要方式。

21世纪后，随着生产外包和服务外包的快速发展，学者们从企业及行业生产组织方式变化的角度研究产品内分工。新新贸易理论经济学家引入了新制度经济学中的企业理论和制度分析，研究企业在对外直接投资和外包间的选择以及国内与国外外包间的选择，其中著名的是 G-H 模型。Grossman 和 Helpman（2002）将新制度经济学中不完全契约理论的两个重要分支——交易费用经济学（TCE）和产权理论（PRT）放在国际贸易理论框架内分析，并放松贸易理论对企业同质性假设，根据企业的异质性特点，研究企业不同生产组织结构选择的决定因素。沿着这一分析思路，其他学者也做了大量相关研究（Melitz，2003；Arndt & Kierzkowski，2001），得出类似结论：认为所有权是否可分离是企业跨境生产选择哪种组织结构的决定因素。当所有权不可分离，跨国公司会选择海外直接投资进行垂直一体化生产；当所有权可分离，跨国公司会选择通过外包市场来交易。这种全球生产组织形式选择的二元观点，即通过市场或跨国公司内部交易，涉及交易成本经济学里企业间关系复杂性及专用资产交易理论等（Williamson，1975）。这些扩展研究进一步丰富了产品内分工理论体系。近些年，随着技术进步推进下分工的不断深化，企业生产网络、模块化生产组织方式（Sturgeon，2002）、产业集群（Schmitz，2000）等不同角度的研究反映了产品、企业及行业生产组织方式的变迁。

二、国内产品内分工理论研究综述

国内文献中，卢峰（2004）对产品内分工作了较完善的定义。他认为产品内分工是指在经济全球化过程中，特定产品生产过程不同环节、工序及区段分散到全球不同区域或国家生产，进而形成的跨区或跨国生产链条或网络体系。这一定义将分工对象由产品深入到了产品生产过程的环节、工序和区段；分工范围扩展到包括国内产品内分工和国际产品内分工，本书全球价值链分工主要是研究国际产品内分工。张二震（2005）提出了要素分工，也注意到了国际分工对象由产品向要素深化的趋向，并强调一国所拥有的要素决定其在国际分工中的地位，指出了产品内国际分工的基础。曹明福（2006）

研究全球价值链分工基础及利益分配机制，提出了贸易利益与分工利益，并指出全球价值链分工由依据一国比较优势向整合全球比较优势转化。

另外，国内学者针对我国参与全球价值链分工的情况，主要从我国在全球价值链分工中地位、嵌入全球价值链方式、产业升级、产业集群及服务外包等不同角度侧重研究。林毅夫认为，中国参与全球价值链分工的劳动密集型环节符合比较优势原理。俞荣建（2010）研究了我国长三角代工企业参与全球价值链分工的升级路径。刘志彪（2007）研究了价值链产业升级并提出了构建国内价值链。卢峰（2004）重点研究了外包范围、外包成因及利润来源等问题。也有学者针对不同行业具体特征进行了大量案例研究，如汽车、电子等行业嵌入全球价值链分工的发展情况（段文娟，2006；王建平，2006等）；以及产业集群、模块化生产网络等研究从不同角度完善了国内产品内分工理论（文嫣、曾刚，2004）。

从国内外学者对产品内分工理论的研究看，主要围绕以下几方面：一是产品内分工对象，从产品深化到了产品生产过程的环节、工序及区段；二是产品内分工基础，从传统贸易理论的绝对优势、比较优势及新贸易理论的规模经济等不同视角解释了产品内分工发生的基础；三是产品内分工主体，从国家深入到了企业，国家界限不断模糊，尤其是跨国公司成为了产品内分工主体；四是产品内分工与贸易模式，研究了垂直专业化分工程度的度量方法及中间品贸易盛行的原因；五是产品内分工与贸易利益，考察了参与产品内分工不同主体间的利益分配及产品内分工对不同国家贸易条件、不同部门要素报酬的影响等；六是产品内分工下生产方式的变化，从"福特主义"大规模生产向模块化专业化生产转变；七是企业组织方式的变化，如生产与服务外包的盛行。

虽然学者们从不同视角对产品内分工理论进行了大量研究，且使用了许多不同术语，但尚未放在一个完整的体系框架内，且缺乏对微观企业主体进行经验数据的分析。尤其是在产品内分工越来越占主导的现实经济条件下，贸易模式发生了重大变化，贸易主体也发生了变化，但贸易利益统计方式却未作出相应变化。传统贸易利益统计方式掩盖了产品内分工利益分配不均事实。而且，国外学者大多从发达国家视角研究产品内分工下其本国劳动密集型部门工人利益受损，而对如何提高发展中国家参与产品内国际分工地位及如何提升其福利效应方面的研究较少。所以，产品内分工理论作为全球价值链分工的基础，从全球价值链视角探索发展中国家产业升级有很大的研究空间。

第二节　全球价值链理论

一、国外全球价值链理论研究综述

（一）价值链理论

1985 年，迈克尔·波特在其著作《竞争优势》中分析企业行为和竞争优势时，最先提出"价值链"。他认为企业的生产过程由生产、营销、物流和售后服务等基本活动及辅助基本活动的研发、原料供应、人力资源、财务等辅助性活动构成。基本活动和辅助活动的每个环节在企业价值创造过程中相互联系，形成了企业完整的价值链。波特是第一位将企业价值创造过程按生产流程清晰分解，并提出企业竞争优势不只来自某项活动，而且来自整个价值链。他还将研究视角拓宽到企业之外，提出了"价值体系"概念，将企业定义为"全能公司"，研究不同企业间的生产关系（Poter，1985）。

其他学者提出价值链的一个鲜明特点是即使"非全能"的公司也可以参与价值链，专业化于价值链的某个特定环节，发挥特定比较优势。Kougut（1985）在其《设计全球战略：比较与竞争的增值链》中认为一国比较优势和企业竞争能力相互作用决定了国家商业战略形式的设定。一国比较优势决定其资源在价值链各个环节如何配置，及企业竞争能力决定了在价值链哪些环节发挥竞争优势。Kougut 提出了价值增值链概念，认为价值增值链是将技术与原料、劳动力等各种投入品融合，然后将融合的这些投入品经过组装形成最终产品，经过分配、营销和售后等生产环节，最终实现价值增值。在价值增值链条上，单个企业可以从事价值增值过程的一个或多个环节，也可以采用垂直整合方式，将价值增值过程纳入企业整个等级体系当中。这一观点涉及将哪些活动与技术保留在企业内，哪些环节外包给其他企业及不同活动的区位选择等问题，反映了价值链各环节在全球垂直分离和再构的过程。

Krugman（1994）对企业将价值链各环节在全球垂直分离和再构的过程进行了研究，将价值链理论与全球产业转移现象联系。另一些学者深入探讨了全球生产组织形式的变化。Arndt 和 Kierzkowski（2001）使用"片段化"形容产品生产过程的不同部分在全球空间范围内的分离。片段化使得企业将生产分配到不同国家，形成了企业内或企业间跨国生产网络。Feenstra（1998）进一步将全球经济的"贸易—体化"与"生产的垂直分离"结合研究。Yeats（2001）发现，跨国公司在全球的分离生产，即将非核心的制造或服务活动外包，集中资源发展核心能力提高了跨国公司的竞争优势，伴随着零部件等中间品贸易占总贸易量份额大幅上升。

当跨国生产在公司间及全球范围内的分离程度不断加深，这些分散的活动如何协调与有效治理？Arndt 和 Kierzkowski（2001）认为，所有权是否可分离是跨境生产选择何种组织结构的决定因素。当所有权不可分离时，跨国公司会选择海外直接投资进行垂直一体化生产；当所有权可分离时，跨国公司会选择通过市场来交易。这种全球生产组织形式选择的二元观点，即通过市场或跨国公司内部交易，涉及公司间关系的复杂性及专用资产交易，可以通过交易成本经济学解释（Williamson，1975）。

除了价值链，学者们还使用了其他不同的术语，如商品链、供应链、价值体系、生产网络和价值网络等，但都共同点大于分歧。全球生产网络与全球价值链之间的区分在于"链"与"网"，价值链研究的是商品或服务的生产与流通等环节在不同经济行为主体间如何分配，全球生产网络研究的是不同层级企业所形成的网络中企业间关系的特点与界限，强调跨国公司充当"全球网络旗舰企业"的核心作用。供应链是指从原材料、中间产品到最终产品制成的整个价值增值活动中的投入—产出结构，与价值链的区别是其不包括领导企业。

（二）全球商品链理论

20 世纪 90 年代，Gereffi 等（1994）提出了全球商品链，集中研究价值链内部权力关系。通过分析如何协调全球生产体系中的分散活动，Gereffi 认为，通常有一个或多个领导者，决定着价值链的特征、链条内的升级活动及链条之间的互动关系，即"治理"。根据领导者在全球生产和采购网络中的不同作用，他提出了两种治理类型：生产者驱动与购买者驱动。全球商品链的研究集中在区分生产者驱动价值链与购买者驱动价值链，并作了许多案例分析。生产者驱动商品链案例分析包括日本从墨西哥进口的电子和其他商品（Kenney & Florida，1994），汽车及其零部件（Barnes & Kaplinsky，1999；Kaplinsky & Morris，2001），半导体（Henderson，1989）等。有关购买者驱动价值链的案例，Gereffi（2002）使用全球商品链框架分析东亚国家服装出口，认为全球购买商（零售商、品牌商和贸易商）即使没有自己的生产、加工工厂，也可以对全球空间上分散的价值链实行高度控制。Dolan 和 Humphrey（2000）的园艺工业案例与 Schmitz（2008）的鞋业案例肯定了Gereffi 的观点。

（三）全球价值链理论

全球商品链通过研究购买者驱动商品链对分离生产的协调及其与生产者驱动商品链的区别，注意到了网络在驱动跨境工业组织演进中的作用，但其未指出具体的不同网络治理形式。2001 年，Gereffi 和 Kaplinsky（2001）在其论文《价值链的价值》中提出全球价值链，替代了全球商品链。Gereffi、Humphrey 和 Sturgeon（2003）从分析交易成本理论到全球商品链到组织理论，提出了除市场型与层级型两个极端价值链协调方式外的中间模式网络型。通过构建决定价值链治理模式的三个因素——交易复杂性、信息的可标

准化程度及供应商能力，并根据外在协调和权力不对称程度的高低，Gereffi
等（2005）提出了五种基本的价值链治理模式：市场型、层级型、关系型、
模块型和领导型。

全球价值链理论体现了全球经济治理研究的新视角，Hopkins 和 Waller-
stein（1994）起初将其与世界体系理论联系，并将商品链看作是"劳动和生
产过程网络，最后生产出最终产品"。随着最近几十年的发展，全球价值链
分析已经脱离了其世界体系理论的起源，集中研究以企业为中心概念的治
理，尤其强调"领导企业"以一种完全新型的方式在全球价值链治理中的作
用。这些领导企业并非通过影响国际组织来获得有利于其资本积累的规则，
而是通过其在全球经济治理分段体系中的中心角色，组织国际生产网络。

所以，全球价值链理论的研究重点是企业间联系的特征与内容，以及在
价值链协调中，全球大购买商与供应商间的权力对称问题，但这并不是指全
球价值链以整个企业为研究单位，而是将生产环节、链接各环节的链条及组
织网络作为其研究单位，且重点研究跨越国家界限的产业组织结构。全球价
值链研究包括四方面：投入—产出结构，地域布局，治理结构和体制框架
（Gereth，1994）。投入—产出结构和地域布局主要研究价值链内各增值环节
在全球的空间分离与重构。治理结构研究价值链内各环节企业间的协调，
及领导企业凭借其技术或市场准入信息优势对加入价值链内从属企业的组
织与控制。体制框架指形成价值链各阶段全球化生产过程的国内及国际条
件与政策。

Kaplinsky 和 Morris（2003）认为，全球价值链指产品生产过程中的各项
活动，涉及从设计到最终品生产出的价值增值过程，但每个价值环节创造的
价值并不等量，只有战略价值环节创造高附加值，所以占据战略环节的企
业，才能控制整条价值链。这一观点对全球价值链理论推进研究起到了至关
重要的作用。

专门深入研究全球价值链理论的英国 Sussex 大学的发展研究所（Insti-
tute of Development Studies）对全球价值链做了如下定义：商品在全球范围

内，从设计、生产、销售到售后整个生命周期内价值创造过程，包括采购物流、质量控制、品牌管理以及对最终用户的支持与服务等。全球价值链从多元空间尺度研究全球经济，包括地方、区域、国家及全球，价值链各环节活动可以由一个企业全部完成，也可以由各个企业合作完成；可以集中于某个区域范围内，也可以分散于全球各地。

全球价值链理论沿着价值链、全球商品链等理论发展脉络（见表 2-1），并融合经济学、管理学、地理学及人类学等学科的理论成果，在微观、中观到宏观多重视角下，对全球经济变化、国际贸易和工业组织变化的新特征研究不断完善。另外，全球价值链分析方法也被嵌入到了相关理论框架内，如全球生产网络（GPN）（Henderson et al.，2003；Coe et al.，2004）。

二、国内全球价值链理论研究综述

表 2-1 全球价值链理论的演进过程

价值链	企业价值链	价值增值链	全球商品链	全球价值链
代表人物、机构	Poter	Kougut	Gereffi 等	Gereffi、英国 Sussex 大学等
提出时间	20 世纪 80 年代中期	20 世纪 80 年代中期	20 世纪 90 年代中期	21 世纪初
主要观点	将企业价值创造过程按生产流程分解为基本活动和支持活动，并提出企业竞争优势不只来自某项活动，而且来自整个价值链	将价值增值过程纳入企业整个等级体系当中，反映价值链各环节在全球垂直分离和再构的过程	研究商品链内部权力关系，提出商品链驱动机制，链条内领导者决定着商品链特征、链条内的升级活动及链条间的互动关系	研究以商品为轴线的跨国生产网络，包括价值链等级体系、价值链治理与升级、价值链动态性与租金收益分配

资料来源：作者整理。

国内对全球价值链的研究源于学者们对我国以加工贸易方式参与全球产品内分工生产体系的讨论。发达国家跨国公司以对外直接投资、全球采购或外包等方式建立全球价值链分工体系并担当组织者。王缉慈（2004）认为，我国产业参与经济全球化竞争，首先要融入全球价值链，在与外部联系中学习知识、技术，提升吸收能力进而向价值链高端攀升。刘曙光和杨华（2004）

将全球经济体系比作"一串串珍珠",而全球价值链是将散落在全球的繁杂的珍珠串起来的"金线"。从这个角度看,我国产业发展需要结合内部区域经济互动与外部全球经济联系两方面考虑。唐海燕和张会清(2009a)利用净贸易指数分析我国在全球价值链分工中的地位与产业竞争力,发现尽管我国高技术产品出口增加,出口结构有所改善,但竞争力仍主要集中在价值链低端的劳动密集型环节,获得的全球价值链分工利益很少。

另外一些学者从全球价值链视角研究地方产业集群的发展,并做了大量案例分析。张辉(2006)从全球价值链治理模式、动力机制、产业集群间关系及产业升级等方面进行了研究,并提出了全球价值链下地方产业集群可能的九种治理模式,扩展了全球价值链二元驱动模式,提出了除生产者驱动和购买者驱动价值链外的混合驱动模式。文嫱和曾刚(2004)比较研究嵌入全球价值链的意大利、西班牙和中国地方陶瓷产业集群,发现全球陶瓷价值链高附加值阶段由意大利和西班牙集群控制,而我国处在最低端。

在有关全球价值链产业升级研究方面,大多数学者认为,我国以代工模式嵌入全球价值链,提升了加工制造水平,实现了产品与工艺升级,但在功能和链条升级方面,由于会侵犯到跨国公司的核心竞争力,所以受到了跨国公司的升级阻碍(刘志彪、张杰,2007;俞荣建,2010;陈小文,2006)。如何突破升级障碍,实现我国产业转型升级,刘志彪等(2009)提出了利用国内市场构建国内价值链;陈小文(2006)提出分工多元化和市场多元化,并嵌入多条价值链来规避升级阻力。

第三节　全球价值链下的产业升级理论

一、国外产业结构升级理论研究综述

产业结构理论研究起源于 17 世纪的配第原理。英国经济学家威廉·配第最早提出商业比制造业、制造业比农业带来的收益高。1935 年，澳大利亚经济学家费雪提出了三次产业分类法。科林·克拉克在配第和费雪的研究基础上，发现随着经济发展阶段的提升及人均国民收入的增加，劳动力逐渐从第一产业向第二产业和第三产业转移，此即著名的配第—克拉克定理。美国经济学家西蒙·库兹涅茨进一步研究了产业结构随经济发展变动的趋势，即随着经济工业化程度的提升，三大产业增加值占国内总产值的比例及就业占比会逐渐向第三产业转移。日本经济学家赤松提出了"雁行形态理论"，主张产业向国际化发展。早期的产业结构理论如配第—克拉克定理、库兹涅茨产业结构理论主要是沿着经济发展阶段由低向高推进产业发展的过程来研究产业结构。

20 世纪五六十年代，学者们开始从多角度研究产业结构理论。列昂惕夫建立投入产出法研究产业结构体系内各部门的联系及技术对产业结构变化的影响。刘易斯针对发展中国家提出了二元经济结构论，认为发展中国家应该利用劳动力密集优势，增大资本部门发展比例。美国发展经济学家赫希曼的"不平衡"增长理论突破了发展中国家必须平衡发展经济的观点，提出产业"关联效应"与"最有效次序"理论，主张优先发展重点产业部门来带动经济。美国经济学家罗斯托提出了经济成长六阶段理论，强调在经济成长的每个阶段，主导产业对其他产业前项、旁侧和回顾的扩散效应。日本经济学家筱原三代平认为主导产业应符合生产率增长最快和需求收入弹性最大两条标准，即"筱原两基准"，并提出工业发展到一个极点，增长速度会减慢，知识、技术密集服务业是产业高度化的重要特征。二元经济结构论、非均衡增长论、主导产业扩散论及两基准论为产业结构升级提供了重要的理论基础。1975 年，宫泽健一将这些理论汇总，并结合产业组织理论和产业关联理论，出版了《产业经济学》，创建了产业经济学学科。

二、国内产业结构升级理论研究综述

我国早期对产业结构理论的研究局限在传统范式中，主要讨论农业、轻工业和重工业比例及产业优先发展顺序等问题。20 世纪七八十年代，西方产业结构理论的引进使国内学者开始结合我国各阶段经济发展水平及政府产业政策，从区域产业结构、主导产业选择等新范式下研究我国产业结构问题。郭万清主编的《中国地区比较优势分析》在研究中国各地区比较优势的基础上提出了区域产业分工格局。李铁军主编的《面向新世纪的中国产业结构》分析了我国各省区产业结构变动趋势及调整政策，并从地域和行业间关系等方面研究主导产业选择的影响因素。

20 世纪九十年代，我国逐渐出现了产能过剩现象，许多学者开始了产业结构调整方面的研究。原毅军将产业结构失衡与经济周期波动联系，发现产业结构失衡导致国民经济增长率及各产业增长率下降，并提出了"产业结构失衡度"指标。周振华结合日本经验，对中国产业结构调整中的衰退产业进行了研究。刘伟、杨云龙认为我国第三产业发展明显落后于经济发展阶段，强调第三产业吸纳劳动力就业的作用。林善炜编著的《中国经济结构调整战略》从区域结构调整、产业结构调整及城乡结构调整三方面进行了系统研究。

近年来，学者们主要从优化投资结构、技术创新、产业集成等方面研究产业结构优化升级。陈拥军在其论文《加快投资调整与优化经济结构投资》中认为我国投资结构存在的问题是制约产业结构优化的主要因素，并提出了优化投资结构的对策。周振华在其《产业结构优化论》书中认为我国特定经济环境下的产业超常规变动，主要原因在于缺乏技术创新。而提高产业技术创新最主要的是建立高效的产业战略与经济体制。张贵、贾巨才的《产业结构演化的新本质：产业集成化》认为信息经济时代产业结构优化的本质是产业集成。郭晋南提出结构效益和转换能力是产业结构优化的两大标准。在产业结构优化升级的定量分析方面，学者们使用投入产出模型、产业感应系数、生产诱发系数等研究产业间关联效应，产业结构与经济增长、就业等互动关系。

三、全球价值链下的产业升级理论研究综述

上述国内外产业结构理论的研究，一般都比较宏观，全球价值链试图融合宏观与微观视角而研究产业升级问题。全球价值链研究的产业升级起初基于两个学派的理论。第一个学派集中研究核心竞争力（Hamel & Pralahad，1994）。他们认为核心竞争力具备三个特点：为最终客户提供所需价值；拥有其他竞争者没有的独特能力；很难复制，存在较高进入壁垒。创新能力源自强化和集聚符合三个特点的核心竞争力，而将其他环节剥离到企业外。此理论的一个缺陷是忽视了全球化经济是动态的，核心能力很容易陷入"核心僵化"（Leonard-Barton，1995）。针对这个问题，另一个学派提出了动态能力论（Teece & Pisano，1994），它建立在熊彼特租金基础上，认为通过控制市场来维持企业长期利润是不现实的，而需要通过发展动态能力来维持。动态能力产生于三方面：内部流程改进，包括重新配置企业资源，整合内部学习流程；定位，通过公司内部活动或外部区域和国家创新体系来获得专有能力；发展路径，即升级轨迹，因为变化总是路径依赖的。

这些学派观点为全球价值链产业升级方面的研究提供了重要的理论基础，尤其有助于理解如何促进企业内产品和工艺改进。但缺陷在于其研究仅停留在企业层面，未从本质上解释价值链上企业间联系所产生的产业系统升级过程。因此，全球价值链从更广阔的视角研究产业升级问题，包括价值链内各链条间的转换及链条内活动的变动情况两方面。与其相关的，不仅是更新产品和改进工艺方面的升级，还有将价值链作为一个整体研究其系统整合配置功能。

（一）全球价值链下的产业升级内涵

产业经济学里，产业升级一般包括产业总量增长与产业结构优化两方面。全球价值链下产业升级的内涵指产业沿着价值链阶梯从低层次向高层次

的攀升，具体体现在以下几方面：第一，从嵌入全球价值链的方式看，产业升级指从低端道路向高端道路攀升（Kaplinsky & Morris，2003；查志强，2008）；第二，从价值链各环节价值增值角度看，产业升级指从低附加值环节向高附加值环节攀升以及从低附加值链条向高附加值链条攀升；第三，从发展中国家供应商角度看，产业升级指由本土企业向区域、全球推进，由专用能力向专有能力构建转换；第四，从全球价值链治理模式看，产业升级指从层级型价值链治理向市场型价值链治理转换（Gereffi，2005）。Kaplinsky和 Morris（2003）认为，升级是由于迈进了更高阶段的价值链而获得租金的提升，升级是一个相对的概念，是一个动态过程，关键看有多快及多大程度优于竞争对手，分析的对象包括企业、集群以及国家。

（二）全球价值链下的产业升级路径

全球价值链产业升级路径的研究最早始于 20 世纪 90 年代 Gereffi 等研究的东亚服装产业。Gereffi（1999）通过对中国香港服装企业从 OEA 原始设备组装到 OEM 设备制造到 ODM 设计商到 OBM 自有品牌构建的角色提升路径观察，发现发展中国家生产商加入购买者驱动价值链，沿着从组装进口的零部件，到负责整个产品的加工生产到设计产品到销售自有品牌产品四个步骤的升级轨迹，可以实现产业升级。Kaplinsky 等（2001）在 Gereffi 研究的基础上提出了更普遍的升级形式：过程升级、产品升级、功能升级和链条升级。Humphrey 和 Schmitz（2000）提出了类似的四种升级形式：产品升级、功能升级、流程升级和部门间升级。部门间升级与链条升级实质是一样的，指在某个环节提升的技术或能力运用于新的部门或新的链条。所以，全球价值链产业升级研究从案例中观察到的 OEM 到 OBM 升级上升到一般意义上的四分法价值链产业升级路径，在实践与理论的结合研究中逐渐把握了价值链产业升级核心。

全球价值链产业升级研究关心的另一个问题是发展中国家供应商能否沿着这条升级轨迹自主获取能力，进而实现升级。一些学者认为企业可以自主获得能力，实现升级。如 Gereffi（1999a）对东亚许多国家服装产业成功升级的案例佐证。但另一些学者否定自动升级轨迹，认为升级过程不是自然而然的。领导企业一般会帮助供应商实现工艺和产品升级，但在有可能会侵犯到其核心竞争力的功能和链条升级方面，会有意设置障碍。Kaplinsky 和 Morris（2001）认为，全球价值链等级体系下的权力不对称关系，使得价值链内领导企业决定租金分配和其他参与者升级情况。不同价值链治理模式下，产业升级情况不同。但不管哪种治理模式，领导企业设置升级障碍的关键判断在于是否侵犯到其核心利益。Schmitz 和 Knorringa（2000）探讨了全球价值链治理与升级间的关系。在领导型价值链治理模式下，全球大购买商为发展中国家供应商提供了产品和工艺升级的快速通道，在服装、家具及电子等部门中有案例佐证，但向链条的设计和营销功能升级时，会受到全球大购买商有意阻碍。Giuliani 等（2005）也证实了这种观点，全球大购买商不会泄露其核心能力，如设计和营销，也阻止供应商发展这种能力，试图使供应商对其形成依赖。网络型提供了理想的升级条件，但发展中国家很难建立这种治理形式。

（三）全球价值链下的产业升级学习机制

面对全球价值链产业升级过程中的结构障碍，许多学者开始针对发展中国家供应商研究突破升级阻碍，向价值链高端攀升的学习和创新机制。其中，不同价值链治理模式下的学习、创新机制成为近年来全球价值链下发展中国家产业升级研究的热点。

Schmitz（2008）提供了一些以中小企业为特征的市场型价值链案例，得出结论：企业在设计、产品研发和营销方面投资而发展的不同能力是一些企业成功的关键。模块型价值链中的供应商需要从事特定的投资，构建专业化的生产能力并保持持续的更新。由于领导企业不会给其支持，所以供应商必须学习如何独立化完成。Quadros（2004）分析了巴西通用汽车和大众汽车的案例，嵌入全球价值链的当地供应商改进其产品质量并达到了 ISO9000 认证，但这些价值链中的领导企业在帮助供应商达到这些标准时没起到任何作用。技术支持更多来自于咨询商和认证机构。同样的事例在阿根廷和墨西哥的汽车部门中可以找到（Dutrenit，Vera-Cruz & Gil，2005）。鉴于隐性信息和知识的复杂性，关系型价值链中企业间的联系非常紧密，经常涉及高频率的面对面交流与相互学习且企业间存在很高的能力互补性。发展中国家供应商在与全球价值链领导企业间的互动中，在加强生产能力的同时，更重要的是培养信任机制（Sako & Helper，1998）。

从领导型向关系型价值链升级的成功案例除了前面提到的东亚服装业，另一个案例是中国台湾电脑业，跨国公司通过模板、人才流动等途径将技术创新所需的隐性知识传输给当地供应商。供应商在为跨国公司制造产品过程中，获取技术和专业技能，实现了从按客户规定生产到自行设计的升级（Guerrieri & Pietrobelli，2006）。另外，中国台湾电脑企业经常参与不止一条价值链，通过在不同的价值链中转换，实现能力的运用与提升（Schmitz，2008）。层级型价值链模式下，领导企业对价值链内的运行实行直接的所有权控制且交易不容易编码。这类似于跨国公司和子公司间的企业内贸易，在发展中国家跨国公司对外直接投资的文献中有许多企业内学习机制，如管理经验传输，技能工人流动，当地工人培训，知识溢出和模仿等（Barba Navaretti & Venables，2004）。

第四节　简要述评

通过梳理国内外产品内分工理论、全球价值链理论和全球价值链产业升级理论的发展脉络及主要观点可知，国外对全球价值链的研究重点是以跨国公司为中心，以整合全球资源为手段获取全球利益最大化；国内学者基本认为，以融入全球价值链为契机，探索向价值链高附加值环节攀升路径，是实现我国产业转型升级的关键。

总体上，学者们对全球价值链动力机制、全球价值链治理与升级、价值链动态性及租金收益分配等理论的研究，使得全球价值链这一新兴理论初具雏形。全球价值链理论作为一种研究全球经济治理的全新方法，广泛被经济学家和社会学家在分析工业国际化组织中采用。全球价值链方法更引起了地理学家、人类学家和历史学家的极大兴趣。在政策层面，许多国际机构和组织从全球价值链的视角研究企业层面的竞争、工业升级和扶贫等问题，尤其是针对发展中国家。后续研究通过对前面成果的检验及实践中运用，不断拓展全球价值链理论的研究范围。

第三章　全球价值链结构体系
及其收益分配

第一节　全球价值链结构体系

一、全球价值链价值等级体系

(一)　全球价值链等级体系

全球价值链指发达国家跨国公司将商品或服务生产过程分为不同工序或区段，根据比较优势将其分散于全球范围内不同区域或国家，通过物质材料传输与服务的结合，经过设计、研发、制造、运输、营销到售后等一系列环节的价值增值过程。如图3-1所示，全球价值链由许多相互联系的价值增值链条组成，且每个链条内又包含许多活动，如上游链条内包含研发、设计、技术、组织等环节；中游生产链条内包含原料投入、物流、加工、存货管理等环节；下游营销链条内包含分销、广告、品牌管理及售后等环节。各价值链条相互联系、相互影响，上游链条某环节的产出通常是下游环节的投入，且每个环节不仅伴随着有形的物质材料流动，更暗含着服务、技术与知识等无形要素的流动。但全球价值链每个环节创造的价值并不相等，各个价值环节的增值能力通过投入的知识、技术含量多少来衡量。由于无形活动中包含的隐性知识，对其他竞争对手形成了很高的进入壁垒，所以价值链的高附加值集中在无形活动中。价值链各个环节都包含着无形活动，如上游链条的研发、设计等环节；中游生产链条的物流、质量控制等环节；下游营销链条的广告、品牌管理等，但上游和下游链条包含的无形活动较多，所以，全球价值链呈现出两端附加值高、中间附加值低的等级体系特征。

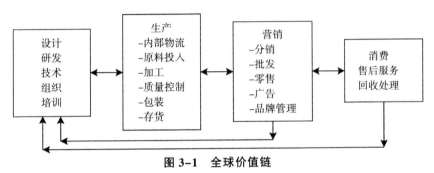

图 3-1　全球价值链

资料来源：Kaplinsky 和 Morris（2001）。

1992 年，中国台湾宏基集团董事长施振荣提出"微笑曲线"理论，用以描述全球价值链不同业务工序所含附加值的高低。如图 3-2 所示，很像微笑嘴型的全球价值链呈附加值两端高，中间低的分布特征。由此价值分布可以清晰地看出，组装环节位于全球价值链的最低附加值部分，利润空间最小，而两端的研发、品牌营销和售后服务环节占据着整条价值链大部分价值增值，所以可以获得更多的经济利润。组装环节通常是劳动密集型环节，而研发、品牌及营销等环节通常是资本、技术密集型环节。全球价值链价值等级体系不仅体现在不同产业价值链条的增值能力差异上，如电子产业价值链与服装产业价值链；同时体现在同一产业不同产品的增值能力差异上，如中国服装与意大利服装是同一个行业，但生产的服装所含的附加值差异很大；还体现在同一产品不同环节的价值增值差异。所以，发达国家与发展中国家贸易关系不平等的背后，反映了发达国家跨国公司主导的全球价值链价值等级体系特征，竞争焦点由一国产业或产品向产业链的某项环节或工序的转变，实际上是全球价值链条不同价值环节主体间对知识和价值的竞争与博弈。

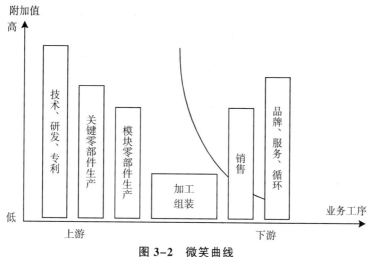

图 3-2 微笑曲线

（二）全球价值链不同环节的分离与整合

经济全球化、贸易与投资自由化及信息通信技术的发展使得价值链各环节在全球有效分离成为可能，加速了全球价值链分工体系的形成。经济全球化拓宽了世界市场范围，促进了全球价值链分工深化；贸易与投资自由化降低了全球价值链各环节跨国生产的制度壁垒；信息通信技术的发展，尤其是供应链与物流自动化，零部件和产品设计网络化及电脑控制的生产设备降低了价值链各环节在全球范围内分离的运输成本与交易成本。因此，在全球价值链价值等级体系下，对应各国比较优势，价值链各环节资源在全球范围内实现了有效配置。

价值链不同环节对要素投入的要求与回报不同。全球价值链两端附加值高的研发和品牌环节要求投入大量的知识、技术、资本等要素，而全球价值链附加值较低的中间组装环节则要求投入大量的劳动力。全球价值链各环节要求的要素投入特征及各国比较优势决定了各国在全球价值链中的位置。发达国家的资本、技术密集型要素丰富，而发展中国家的劳动密集要素丰富，所以，发达国家集中核心能力与资源专业从事全球价值链两端的研发、品牌等高附加值环节，而将价值链低端的加工组装环节外包给发展中国家。

在全球价值链分工体系下，一国或一个企业的竞争优势不但体现在其是否占据了全球价值链的战略环节，而且随着价值链的深化，竞争优势更体现在对价值链条各环节的系统整合能力方面。所以，跨国公司生产组织方式由之前纵向一体化的垂直层级管理体系转变为横向一体化的归核化经营管理，即将自己的核心能力集中在产品研发、营销等制造业和服务业的高附加值战略环节，而将非核心活动外包给更具比较优势和更专业化的企业生产。跨国公司在全球范围内搜寻质量最高、成本最低的供应商，高效整合利用企业内外部生产要素，逐渐变成了全球生产网络的系统整合商。

二、全球价值链动力机制

在全球价值链价值等级体系下，对应各国比较优势，价值链各环节在全球范围内实现了分离生产和整合。那么，如何协调和控制分散在全球范围内的不同环节？如何区分战略与非战略环节？不同特征价值链运行的驱动机制分别是什么？针对这些问题，Gereffi 和 Korzeniewicz（1994）提出了全球价值链二元驱动力假说，根据全球价值链驱动者（领导者）的不同将价值链动力机制分为生产者和购买者驱动两种。

（一）生产者和购买者二元驱动机制

生产者驱动价值链指发达国家跨国企业建立的以投资为基础的垂直生产网络，大的跨国制造商掌握着核心技术，协调价值链内不同环节的连接，控制着后向联系的原料和零部件供应商及前向联系的分销和零售商，在协调生产网络中起中心作用，且在全球处于寡头垄断地位，与传统的"进口替代"模式类似（见图 3-3）。资本、技术密集型行业如汽车、飞机、计算机、半导体及重型机械等属于典型的生产者驱动型，技术、资本要素投入丰富的研发、关键部件制造环节是战略环节，价值增值集中在这些环节且由大的跨国制造商垄断。

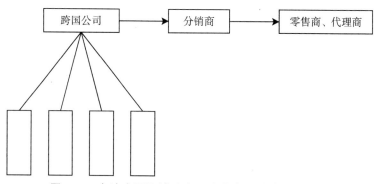

图 3-3　本地或国外辅助企业生产者驱动全球价值链

汽车行业是典型的生产者驱动型，由母公司，子公司，分包商等上千家公司构成多层次的生产体系。1980 年，日本汽车生产体系平均包括 170 个一级供应商，4700 个二级供应商及 31600 个三级分包商（Hill，1989）。Florida 和 Kenney（1991）发现，日本汽车制造商实际在许多方面替代了北美母国的供应网络。Doner（1991）将研究框架扩展，日本汽车制造商创建的区域生产网络，形成了为东亚和东南亚六个国家供应关键零部件的生产者驱动价值链。Henderson（1989）和 Borrus（1997）在研究美国和日本半导体工业时，肯定了这一观点，认为日本大跨国制造商领导的生产者驱动价值链在东亚建立了完整的垂直分工网络。

购买者驱动价值链指全球零售商、品牌商和设计商通过全球采购或 OEM 等方式建立的以贸易为基础的水平生产和分销网络，类似于"出口导向"工业模式（见图 3-4）。这种类似贸易驱动工业化模式的购买者价值链主要集中在劳动密集型行业如服装、玩具、电子等。零售企业如沃尔玛（Wal-Mart），美国西尔斯罗巴克公司（Sears Roebuck），彭尼（J. C. Penney），运动鞋类公司如耐克等是典型的购买者驱动型。这些公司通常设计和销售其品牌产品，但不参与制造环节，即属于"没有工厂的制造商"，实现了有形产品生产环节与无形设计和营销环节间的有效分离。购买者驱动价值链利润主要源于价值链高端的研发、设计、销售及金融服务环节，零售商、设计商和营销商是连接海外工厂和贸易商的战略经纪人。

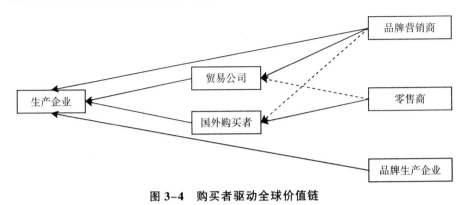

图 3-4 购买者驱动全球价值链

资料来源：整理自 Gereffi（1994）。

生产者驱动价值链的大跨国制造商通常通过对外直接投资方式协调和控制价值链不同环节，而购买者驱动价值链的全球购买商通常通过海外分包建立分销网络体系来协调价值链。生产者驱动价值链和购买者驱动价值链还有很多不同，张辉在 Gereffi（1999b）研究的基础上，总结比较了二者在动力根源、进入障碍、典型产业代表等九个方面的不同（见表 3-1）。从二者的不同，可以看出由产业资本推动的生产者驱动价值链核心能力在于技术研发、工艺改进和产品创新，通过垂直一体化产业结构实现规模经济效应；由商业资本推动的购买者驱动价值链核心能力在于品牌设计、营销渠道拓展，通过建立水平一体化网络实现范围经济。所以，根据不同价值链驱动特征，一国产业发展要对号入座，属于生产者驱动价值链型的产业，应重点提升技术、研发能力，构建垂直一体化产业结构体系来培育规模经济竞争优势；属于购买者驱动价值链型的产业，应重点提升品牌设计、营销能力，构建专业化协作网络竞争优势。

表 3-1 生产者和购买者驱动的全球价值链比较

项目	生产者驱动的全球价值链	购买者驱动的全球价值链
动力根源	产业资本	商业资本
核心能力	研究与发展能力	设计、市场营销
进入障碍	规模经济	范围经济

续表

项目	生产者驱动的全球价值链	购买者驱动的全球价值链
产业分类	耐用消费品、中间商品、资本商品等	非耐用消费品
典型产业部门	汽车、计算机、航空器等	服装、鞋、玩具
制造企业的业主	跨国企业，主要位于发达国家	地方企业，主要在发展中国家
主要产业联系	以投资为主线	以贸易为主线
主导产业结构	垂直一体化	水平一体化
辅助支撑体系	重硬环境轻软环境	重软环境轻硬环境
典型案例	Intel、波音、丰田、海尔、格兰仕等	沃尔玛、国美、耐克、戴尔等

资料来源：整理自格雷菲（Gereffi，1999b）和张辉（2004a）。

（二）新三元驱动机制

全球价值链的一个重要要假设是一国产业发展首先需要嵌入全球价值链并与价值链中的领导企业紧密联系。这些领导企业不一定必须是传统垂直整合制造商，也不一定必须参与最终品的制造。他们可以位于价值链的上游或下游，如服装业中设计商或品牌销售商，也可以是关键部件的供应商，如计算机行业的英特尔和微软。辨别领导企业的关键在于谁掌握和控制了核心资源并占据了全球价值链的高附加值环节，如产品设计、新技术、品牌及消费者需求等。

尽管生产者与购买者二元驱动机制为我们研究问题提供了一个清晰的框架，但其仍是基于假设而缺乏有力的证明。实际中，一些行业价值链呈现出生产者驱动与购买者驱动的混合治理。例如，服装业 GAP 没有自己的生产工厂，是购买者驱动价值链的典型代表，而李维斯（Levi-Strauss）作为品牌领导企业治理着一条垂直整合的生产者驱动价值链。另一些行业呈现出生产者驱动向购买者驱动价值链转变的趋势，如汽车行业福特正在向购买者驱动价值链转型。这些实例说明了按照产业部门划分全球价值链驱动模式的方法太过笼统。张辉（2004b）提出，按照全球价值链不同环节的增值程度来划分。这正反映了当前知识经济时代，在经济全球化与企业竞争日益加剧的背景下，价值链租金增长越来越多的体现在无形活动中，因为无形活动中包含的隐性知识，对其他竞争对手形成了很高的进入壁垒。相比之下，有形领域的生产能力变得越来越普遍，生产环节分离区位选择灵活性与可替代性越来越强。价值链各个环节都包含有无形活动，如生产阶段的物流控制，概念设计阶段的广告。但某些环节包含的无形活动较多，增值能力强，如设计、品牌及价值链的协调本身。因此，随着品牌与营销在价值链内重要性的提升，生产者驱动价值链向购买者驱动价值链转变，本质上是价值链核心竞争力向无形资产转变的过程。

基于以上分析和实例调研，张辉（2004b）在生产者和购买者二元驱动机制基础上，提出了生产者与购买者混合驱动价值链，形成了新三元全球价值链驱动机制。混合驱动型价值链具备生产者和购买者二者的特征（见表3-2），生产和流通环节价值增值都有偏重，这取决于哪一方领导者主导无形资产，其价值分布特征类似于前面分析的微笑曲线。

表 3-2　生产者驱动、购买者驱动和混合驱动的全球价值链比较

项目	生产者驱动的价值链	购买者驱动的价值链	混合驱动价值链
动力根源	产业资本	商业资本	二者兼有
核心能力	研究与发展能力	设计、市场营销	二者兼有
进入障碍	规模经济	范围经济	二者兼有
产业分类	耐用消费品、中间商品、资本商品等	非耐用消费品	二者兼有
典型产业部门	汽车、计算机、航空器等	服装、鞋、玩具	计算机
制造企业的业主	跨国企业，主要位于发达国家	地方企业，主要在发展中国家	二者兼有
主要产业联系	以投资为主线	以贸易为主线	二者兼有
主导产业结构	垂直一体化	水平一体化	二者兼有
辅助支撑体系	重硬环境轻软环境	重软环境轻硬环境	二者兼有
典型案例	Intel、波音、丰田、海尔、格兰仕等	沃尔玛、国美、耐克、戴尔等	英特尔、戴尔

资料来源：整理自格雷菲（Gereffi，1999b）和张辉（2004b）。

三、全球价值链治理结构

Gereffi（1994）最早研究全球价值链治理，指出全球经济活动不是由政府或国际组织制定的规则、条例决定，而是由全球价值链领导者制定的标准、规则决定。对比许多国家 19 世纪末 20 世纪初与 20 世纪末的贸易占 GDP 总额，会发现中间品贸易占据了很大份额，这反映了经济全球化背景下贸易本质发生的变化。20 世纪初的贸易基于企业间分工，主要是最终产品间的贸易，而 20 世纪末的贸易基于产品内分工，主要是中间品贸易（Feenstra，1998；Hummels，Ishii & Yi，1999）。全球化下贸易是错综复杂的，从零部件到最终产品的设计、各个环节质量标准的制定，到各环节主体间的关系都需要协调，这正是治理的作用。Humphrey 和 Schmitz（2000）将价值链治理定义为：全球价值链领导企业通过制定制度、规则及标准，对价值链不同环节及各环节经济主体间关系的非市场化协调。

领导者在决定如何管理全球贸易和生产网络时，面临一系列选择：一是在企业内制造零部件还是向市场采购，再或是与供应商建立长期稳定关系；二是当决策去市场购买时，会涉及市场交易的许多问题，如价格、交易量、供应商数量及供应商应符合的资格条件。这进一步与决策生产什么、生产质量、分销、产品标准等有关，如产品应该制定什么样的规格、采用何种技术、可允许的不良率、产品传输频率和地点等。因此，全球价值链治理指在全球贸易和生产网络建立和管理过程中，领导企业和其他经济主体间特定的劳动分工，涉及产品从概念、生产和销售一系列进程中的具体实践及组织形式。

Kaplinsky 和 Morris（2003）扩展格雷菲 Gereffi（1994）关于治理的概念，基于西方社会三权分立的原理提出了三种治理形式："立法治理"指设定参与价值链的基本规则；"司法治理"指监督规则的遵守与实行绩效；"执行治理"指领导者协助参与者遵守规则所执行的治理。他同时提出了同一价值链内，不同的治理主体采取不同的治理形式，且治理主体分价值链内及价值链外两方，如表 3-3 所示。

表 3-3　全球价值链治理

	价值链内执行方	价值链外执行方
立法治理	对供应商制定标准，如交付时间、交付频率与质量	环境标准、劳工标准
司法治理	监督供应商对标准的执行符合情况	非政府组织监督劳工标准；专业公司监控 ISO 标准的符合
执行治理	协助供应商满足标准等供应链管理生产商协会协助成员达到标准	政府工业政策支持；专业服务提供

资料来源：Kaplinsky 和 Morris（2003）。

（一）全球价值链治理理论的演进过程

全球价值链治理理论起源于探讨企业与市场关系及企业边界问题的交易成本理论、企业网络组织理论和企业能力学习理论等。交易成本理论认为市场交易成本很大，把某些活动纳入企业内生产的原因在于三方面：①资产专用。产品或服务越趋向于定制化，其涉及的资产专用性程度越高。②机会主义风险。资产专用性程度高容易产生机会主义风险，为防御风险采取保障措施会增加成本。③协调成本。即使没有机会主义风险，当公司间关系需要协调时，也会增加交易成本。例如，非标准化的中间品、设计信息的复杂转移及产品设计结构的整合等活动都需要企业间进行大量的互动，尤其一些中间品供应对时间要求很敏感，在对这些中间品的协调过程中，都会增加成本（Coase，1937；Williamson，1975）。

企业网络组织理论（Powell，1990）认为，市场交易成本大并不意味着联系紧密、复杂的活动就必须在垂直一体化的企业结构内生产。一些方法可以解决企业间交易产生的资产专用、机会主义风险及协调成本等问题。网络组织通过重复交易、声誉机制及社会规则等能克服机会主义。这些社会规则通常根植于特定地理区域或社会群体内。信任、声誉及相互依赖使复杂的企业间分工成为可能。

面对存在资产专用性问题，公司仍从外部购买关键中间品，企业能力学习理论也给出了其他理由。Penrose（1959）认为，拥有竞争对手难以复制的能力是企业获得价值的关键。实践中，即使相当垂直一体化的公司也很少将所有的活动都内部化。交易成本理论引进频率变量来解释这种事实，认为某项中间品，即使很重要，但如果使用不频繁也将从外部采购，这源于规模经济。而企业能力学习理论认为，培养价值链某个环节的能力所需要的学习耗时长且不一定能有效获得，因此，企业价值链某些环节活动应从外采购资源。核心能力理论做了进一步的解释，认为企业集中资源发展自己擅长的领域，外包其他环节，与其他企业形成能力互补，比垂直一体化生产效率高（Prahalad & Hamel，1994）。

以上学者从区域、国家及"社会关系网"角度讨论了价值链各环节生产活动的企业边界问题，工业组织理论（Henderson，2003）从全球经济视角探讨企业间关系的复杂性，认为即使不直接控制所有权，全球生产与分销体系也可以被有效协调与整合，并提出了三种生产组织模式：市场型、层级型和网络型。

另外一些学者通过实证案例对全球生产提出了其他重要的协调形式。Sturgeon（2002）通过研究电子工业，基于产品和工艺的不同标准化程度，对比了三类型供应关系：①"商品供应商"指通过市场关系提供标准产品；②"俘获型供应商"指根据购买者的需求生产非标准化产品；③"交钥匙供应商"指为购买者生产定制化产品，并通过机器为不同消费者灵活地大规模生产。这种分析法强调企业间信息交换的复杂性及资产专用程度。Sturgeon将依赖"交钥匙供应商"的生产体系归结为"模块化生产网络"，因为根据购买商的需求，模块化生产网络从全球生产体系中提取出并集聚了高能力的供应商。Humphrey 和 Schmitz（2000）区分了层级关系中的供应商与购买商关系，与"俘获型供应商"对应，认为供应商能力决定供应商依赖大购买商的程度。如果全球大购买商需要对供应商能力进行投资，他们会规定产品和工艺标准参数来要求供应商遵循并监督供应商。

基于上面从交易成本理论、企业网络组织理论到工业组织理论及实证案例的分析，全球价值链治理模式从市场型与垂直一体化企业（层级型）二元模式扩展到中间模式网络型的加入。最后，Gereffi，Humphrey，Sturgeon（2003）根据交易复杂性，信息的标准化程度及供应商能力，将全球价值链治理模式分为五种：市场型、关系型、模块型、俘获型和层级制型。其中，关系型、模块型和俘获型是网络型的细化。

（二）全球价值链五种治理模式

1. 价值链治理模式的三个决定因素

当领导企业寻求产品差异化或要求供应商及时送货时，价值链交易变得复杂，但领导企业可以采取减少交易复杂性的策略。一个重要的方法是设定一组广泛接受的参数来定义技术和工艺流程标准或等级，将信息编码化的技术减少了企业间信息传递的复杂性并有助于快速独立的转换贸易伙伴。另外，价值链内不断有新供应商的加入也会增加价值链协调的复杂性。

针对以上考虑，Gereffi、Humphrey 和 Sturgeon（2003）构建了决定价值链治理模式的三个因素：交易复杂性、信息的可编码化程度及供应商能力。交易复杂性指企业间交易的信息、知识传输复杂度，尤其是与产品和工艺规格相关的信息。信息的可编码化程度指信息可被用系统的语言表达、整合、储存、传输与转换的程度。供应商能力指供应商的实际能力与购买商要求的潜在能力。假设这三个因素决定的价值链只有两种程度的价值，即高或低。表 3-4 根据这三个因素及外在协调和权力不对称程度的高低区分了五种不同的全球价值链类型——市场型、关系型、模块型、领导型和层级型。其中，关系型、模块型和领导型是网络型的细化。每种治理形式中的外包收益与成本风险交换比率不等。如表 3-4 中最后一列所示，购买者与供应商之间外在协调与权力不对称程度从市场型的低水平到层级型的高水平。

2. 全球价值链五种治理模式

市场型。当交易信息容易编码，产品规格相对简单且供应商在不需要客户投入中间品的情况下有能力生产，不存在资产专用性问题时，价值链治理结构呈市场型。在市场型关系下，由于信息交换复杂性较低，产品规格由供

表 3-4 全球价值链治理模式选择的决定因素

治理模式		交易复杂性	识别交易能力	供应商的能力	权力和协调
市场		低	高	高	低
网络	模块	高	高	高	
	关系	高	低	高	↕
	领导	高	高	低	
层级		高	低	低	高

资料来源：Gereffi、Humphrey 和 Sturgeon（2003）。

应商制定，价格反映不同价值环节的商品稀缺程度，所以价值链交易协调、治理程度较低，是经济活动组织中最简单、有效的形式。

模块型。当按一定的规格、标准将信息编码扩展到适用于复杂产品时，模块化价值链治理结构产生。模块化产品结构通过减少组件变量，统一组件、产品和工艺流程的规格，制定技术标准使企业间的互动简化。供应商提供全套包装和模块，使难以编码的信息内部化，降低了资产专用性，且提供给了客户直接指导与控制的机会，满足客户个性化定制需求。基于显性知识的联系产生许多类似市场联系的好处，如及时、灵活及低成本投入品的获取，但又与基于价格的传统市场交换不同。例如，当领导公司将一个定制化的设计文档传输给供应商时，公司间联系的信息流远不仅仅是价格信息。由于复杂信息编码后交换无需太多的协调，如同简单的市场交换，转换合作伙伴的成本也相应降低。

关系型。由于产品交易较复杂，交易中包含大量隐性知识，信息可编码程度低且对供应商能力要求高时，价值链治理结构呈关系型。供应商与购买者间能力互补，由此产生的相互依赖性关系通过声誉、社会和空间邻近、家族或种族纽带来管理以及 Williamson 在分析可信的承诺与抵押中讨论建立一种承担违约成本的机制（Williamson，1985）。复杂隐性知识的交换通常需要面对面交流和互动，且需要高水平的外在协调来治理，这使得转换新搭档的成本很高。

领导型。产品交易复杂、信息可编码化程度高而供应商能力较低时，价值链治理倾向于呈俘获型。低水平供应商在面对复杂的产品和规格、标准时需要领导企业大量的指导干预与控制，这形成了对领导企业的高度依赖。领导企业为了排除其他企业从中获利，也会锁定供应商。因此，供应商会面临很高的转换成本。被俘获的供应商经常被限定在很小的生产范围内，如，主要负责简单的加工组装，依赖领导企业提供设计、物流、零部件采购和工艺技术更新等活动支持。领导企业通过建立其主导地位控制机会主义，为其他附属企业提供充足的资源和市场准入机会，以淘汰落后者。

层级型。当产品交易复杂，信息可编码化程度低且供应商能力低时，领导企业会选择在企业内制造产品。层级型价值链各环节活动需要交换隐性知识、管理复杂的投入和保护核心资源，尤其是保护知识产权。

表 3-5　全球价值链五种治理模式

治理模式	决定因素
市场型	信息交换复杂性较低，交易信息容易编码，供应商不需要客户投入中间品有能力生产，不存在资产专用性问题；产品规格由供应商来制定，价格反映不同价值环节的商品稀缺程度；价值链交易协调、治理程度较低
模块型	模块化产品结构减少组件变量，统一组件、产品和工艺流程的规格，制定技术标准；供应商提供全套包装和模块，使难以编码的信息内部化，资产专用性程度低；复杂信息编码后交换无需太多的协调，合作伙伴转换成本低
关系型	产品交易较复杂，交易中包含大量隐性知识，信息可编码程度低且对供应商能力要求高；供应商与购买者间能力互补，二者相互依赖性关系通过声誉、社会和空间邻近、家族或种族纽带来管理；需要高水平的外在协调，新搭档转换成本高
领导型	产品交易复杂，信息可编码化程度高而供应商能力较低；供应商需要领导企业大量的指导与控制，对领导企业高度依赖；供应商往往被锁定在很小的生产范围内，面临很高的转换成本
层级型	产品交易复杂，信息可编码化程度低且供应商能力低，领导企业选择在企业内生产；价值链活动间需要交换隐性知识及需要管理复杂的投入和保护核心资源，如知识产权时，价值链治理形式通常采用层级型

资料来源：作者整理。

治理形式发展到这时期，就可以阐明领导企业权力如何在全球价值链中运作（见图 3-5）。在领导型价值链中，领导企业对供应商实施直接的权力控制，类似于垂直一体化结构下跨国公司总部对子公司的直接行政管理。这种直接控制体现了很高的外在协调度与领导企业占主导方的权力不对称。在关系型价值链中，由于双方都有核心能力，企业间权力是平衡对称的，但也需要大量的外在协调，不过是通过企业伙伴间平等对话完成的。模块化价值链，如市场型价值链，但存在权力不对称关系，不过程度较低，因为供应商与购买者通常都有许多的搭档，可以容易的转换合作伙伴。

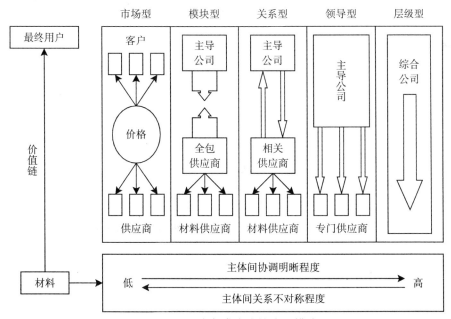

图 3-5　五种全球价值链治理模式

资料来源：Gereffi 和 Humphrey（2005）。

（三）治理模式动态转换

全球价值链治理理论演进过程的解释与五种治理模式的区分，引导我们更好理解当代全球经济活动。然而，随着时间的推移，决定全球价值链治理的三个变量会发生变化，全球价值链治理结构也会随之产生变化。

Gereffi（2005）通过案例分析了三种行业的全球价值链治理的动态变化：自行车行业从层级型向市场型的转换；服装业从领导型到关系型价值链的转

换；美国电子业从层级型成功转换为了模块型。案例研究表明了价值链治理模式的动态性和相互重合性。价值链治理模式不是静态的，也不是必须严格与特定工业联系，它们取决于价值链主体间互动关系的管理以及技术如何应用于设计、生产和价值链链条治理本身。价值链治理模式也不是完全统一的，即使是相同工业在相同时间和地点，价值链治理模式也会从一个阶段向另一个阶段转变。然而，这种动态性可以归结为三个变量的变化。交易复杂性、信息的可编码化程度与供应商能力三个变量间如何变化及发生变化的原因是什么？第一，交易复杂性提升，现有供应商能力不足以满足领导企业新要求时，领导企业会从供应基地寻找能提供更高产出和更高服务水平的供应商（表3-6的轨迹1）。另外，交易复杂性降低，信息的可编码化程度提高（表3-6的轨迹2）。第二，工业内存在着信息编码与创新间的持续拉力（表3-6的轨迹3和4）。第三，随着时间推移，供应商能力会发生变化：好的情况是供应商通过学习，能力提升；相反的情况则是随着新技术的出现，领导企业对供应商的能力要求提升并不断引进新供应商，旧供应商被淘汰（表3-6的轨迹5和轨迹6）。

表3-6　全球价值链治理模式的动态转换

治理模式		交易复杂性	识别交易能力	供应商的能力	权利和协调
市场		低	高	高	低
	模块	① 高 ②	高 ④	高 ⑥	
网络	关系	高	③ 低	⑤ 高	
	领导	高	高	低	
层级		高	低	低	高

注：①交易复杂性提升对供应商能力的要求也提升。
②交易复杂性降低，信息编码更容易。
③信息可编码程度提高。
④信息可编码程度降低。
⑤供应商能力提高。
⑥供应商能力降低。
资料来源：Gereffi、Humphrey 和 Sturgeon（2005）。

全球价值链治理模式动态转换试图从更宽的视角跨越不同工业和不同时间来概括全球经济的变化趋势。许多国家通过提高生产基地供应商能力，推动全球价值链治理结构由层级型或领导型向关系型、模块型和市场型转换。尤其是模块型价值链，随着信息技术进步、产品定制化和供应商能力的提高，模块化形式在全球经济中占据越来越核心的地位。供应商向领导企业提供高水平的价值链模块（如交钥匙和全套服务），有利于使隐性知识内部化和生产实现规模经济。

全球价值链治理模式的动态转换为发展中国家供应商攀升价值链、走出低端道路、实现产业升级提供了机会。从领导型价值链到关系型价值链演进的一个案例是东亚的服装业，实现了从组装到"全套"生产的升级，这其中包括设计、提供产品样本、监控产品质量、满足客户价格及供货及时等方面的要求（Gereffi，1999）。根据 Gereffi（2005）的研究，关系型价值链的主要机会是使当地企业学习如何生产有国际竞争力的消费品并对国内经济产生后向联系。

另一个案例是中国台湾电脑业，当地供应商实现了从按客户规定生产到自行设计的升级（Kishimoto，2001）。领导公司通过传输人才及技术创新需要的隐性知识等方式帮助当地供应商升级。当地供应商通过参与全球价值链，在为领导公司制造产品或生产自己设计和自创品牌的产品中，获取技术和专业技能。中国台湾电脑企业经常参与不只一条价值链，这样在不同的价值链中平衡和运用学习到的能力（Schmitz，2006）。

以关系型网络治理结构为研究起点，升级为模块化，最后形成市场型被认为是标准的价值链治理动态演进轨迹，但这不是唯一的一条。原因在于：第一，不同工业的产品和工艺编码标准不同，且会随着时间推进发生变化。第二，随着技术改进或驱动价值链活动绑定的新方式出现，产品和工艺的编码标准会过时。第三，价值链治理没有单一的最好的方式。某些产品生产结构非常完整，打破其价值链非常困难，所以垂直一体化是其最有竞争力的价值链治理模式。比如，索尼和三星电子产品的成功就在于其高水平的垂直一体化管理。服装行业的 Zara 产品更新频率极其快，有时候两周一次，这正是依靠纺织业子公司与被俘获的缝纫工厂的高度配合。

第二节 全球价值链下的收益分配

一、全球价值链下收益分配的决定：租金

由全球价值链价值等级体系可以看出，全球价值链各环节创造的价值增值不相等，所以参与全球价值链分工不同环节的国家或地区所获得的收益分配也不相等。获得高收益的国家或地区通常是由于其拥有稀缺资源或核心能力对竞争对手形成进入壁垒，从而获得超额利润，这部分超额利润被称作租金。

租金有很多形式，李嘉图认为租金来自于对稀缺资源的掌控，而熊彼特认为租金可以通过有目的的行动来创造，如企业家创新，新技术、新商业组织创新，但这种创新能力容易被竞争对手模仿并赶超，所以熊彼特租金是短暂且易发生动态变化的，相比之下，李嘉图租金较长期且稳定。

Kaplinsky 和 Morris（2001）将租金分为内生于单个企业内、内生于价值链内企业群，外生于价值链三种（见表3-7）。内生于单个企业的租金，由企业自身"创造"，典型的如熊彼特租金包括技术租金，指稀缺技术的掌控所带来的持续收入增长；人力资源租金，指拥有比竞争对手技能更强的员工，所带来的生产率和竞争力的提高；组织租金，指拥有更好的营销能力及品牌价值。另一些租金内生于价值链内，由企业集群构建，如关系租金，指供应商与客户间建立的高效关系所产生的外部经济。外生于价值链的租金包括资源租金，指获取稀缺的自然资源；政策租金，指高效政府营造的环境对竞争对手构造的进入壁垒；基础设施租金，指高效的基础设施建设如交通、通信

表 3-7　全球价值链下租金的类型

类型		名称	含义
内生租金 （全球价值链内）	企业内	产品租	产品特质、差异化产品产生的品牌效应
		技术租	掌控稀缺技术产生的持续收入增长
		人力资源租	拥有比竞争对手技能更强的人力资源，所带来的生产率和竞争力的提高
		组织租	拥有更好的营销能力及品牌价值
	企业群	关系租	供应商与客户间建立的高效关系所产生的外部经济
外生租金 （全球价值链外）		自然资源租	稀缺自然资源的获取与有限供给，以及对其获取渠道的控制
		政策租	高效政府营造的环境对竞争对手构造的进入壁垒
		基础设施租	获取高效的基础设施如通信、能源供应等
		金融租	高效金融体系包括充足金融资源、优于竞争对手的融资条件及金融支持等

资料来源：Kaplinsky 和 Morris（2001）。

网络；金融租金，指拥有优于竞争对手的融资条件。

租金本质上是动态的，随着竞争者的赶超，会转化为消费者剩余。竞争的过程是企业家通过"新的组合"追寻超额利润的过程，之后经济租金会被竞争者熨平，竞争压力再次推动企业家创新，周而复始，使资本主义经济加速向前发展。

二、全球价值链下的收益分配

1992 年，中国台湾宏基集团董事长施振荣提出"微笑曲线"理论，用以描述全球价值链不同业务工序所含附加值的高低。由此价值分布可以清晰地看出，微笑曲线左端的技术、研发、专利环节附加值最高，这是由于该环节人才、技术资源稀缺，新技术研发成本高且知识产权保护严格。这些条件对竞争者形成了很高的进入壁垒，所以占据该环节的企业凭借垄断地位获得很高的租金。微笑曲线右端的销售、品牌、服务环节也为企业带来较高利润，这是由于版权和品牌拥有很长的生命周期，很难复制，版权可以维持至少 70

年，品牌可以是永久的。这些知识和无形资产为企业提升产品销售市场占有率提供了稳固保障，使得企业可以持续获取经济租金。而位于微笑曲线中间的加工组装环节附加值最低，利润空间最小。加工组装通常是劳动密集型环节，技术要求低，所以形不成进入壁垒。该环节有大量的竞争者，不断涌现劳动成本更低的竞争者，从事该环节的生产者只能获得微薄的加工费用。

因此，全球价值链分工下，高租金越来越体现在全球价值链两端的技术、研发等无形活动和品牌等稀缺资源方面。进入壁垒决定收益分配，占据进入门槛高环节的受益人通过获取的垄断收益，有能力去创造新的租金领域，成为全球价值链的领导者和治理者。而陷入在低进入门槛环节的生产者，竞争激烈，获利微薄，随着时间累积，成为全球价值链领导者的跟随者和供应商。

Gereffi 等（2005）认为，全球价值链分工下，领导者和供应商间的收益分配取决于相对议价能力。相对议价能力取决于两个因素：第一，供应商可替代程度。如果供应商从事环节的知识容易编码、不复杂，且很容易被竞争者模仿则供应商可替代程度高，议价权力就会倾向于领导企业。典型的如标准化的加工组装环节，技术复杂度低且知识容易编码使得领导企业很容易转换供应商，因此加剧了供应商间的竞争并压低了他们供应的价格。但如果供应商在决定转向与另一家领导者合作时会面临较高转换成本，那么短期内他们很容易被锁定在与一个领导企业合作。这通常发生在领导型价值链治理结构中，发展中国家供应商融入全球价值链的最初时期与发达国家领导企业很多是这种关系。另外，如果交易复杂且知识不容易编码，则领导企业转换供应商的成本会很高。供应商与领导企业间的联系将很紧密，会涉及高频率的面对面互动学习。通过声誉和长期的信任、承诺，二者建立相互依赖关系，利润分配也会相对有利于供应商。这通常发生在关系型价值链治理结构中，要求供应商有很高的生产能力和沟通能力，一般不会是刚刚融入全球价值链的供应商。第二，如果领导企业的竞争对手较少，则其议价权力会更强，因为供应商不容易转换到其他的领导企业。Lee 和 Gereffi 使用手机行业的全球价值链说明了这点。近几年，手机行业的领导企业大量缩减，全球市场基本上被苹果和三星主导。高市场占有率使得供应商更加依赖某个特定领导企业的需求，领导企业议价能力提升。

随着分工细化和产品生产过程各环节的不断分割，全球价值链各环节的联系越来越紧密，价值链也变得越来越复杂，一国或一个企业的竞争优势不但体现在其是否占据了全球价值链的高附加值战略环节，更体现在对价值链条各环节的系统整合能力上。租金越来越体现在价值链本身的治理与协调方面。所以，分工的细化使得全球价值链治理者跨越地理与组织的界限去提升全球价值链系统整合效率。跨国公司生产组织方式由之前纵向一体化的垂直层级管理转变为横向一体化的归核化管理，即将自己的核心能力集中在产品研发、营销等制造业和服务业的高附加值战略环节，而将非核心活动外包给更具比较优势和更专业化的企业生产。跨国公司在全球范围内搜寻质量最高、成本最低的供应商，并帮助供应商提升其供应能力。通过对企业内外部生产要素的高效整合利用，跨国公司作为全球价值链系统整合商的地位不断巩固，获得全球价值链上的更高回报。

第三节　全球价值链下发展中国家产业升级的必要性

一、全球价值链治理对发展中国家的影响

在跨国公司占领导地位的全球价值链治理结构中，领导公司直接或间接地影响着全球生产、物流和销售体系的组织形式，影响着知识的产生、转移、扩散与创新以及发展中国家进入全球市场参与的活动范围。因此，全球

价值链理论认为发展中国家要想获得发达国家的市场准入，必须首先加入全球价值链，并与领导公司积极互动，才能逐步实现价值链升级。领导公司需要具备两个特征：一是市场能力，通常以其所占市场份额测度；二是其在价值链中的所处位置，是否能创造或分配到高收益。这二者都会产生很高的进入壁垒，造成全球价值链企业间权力不对称。治理涉及到价值链中领导公司有能力去影响或决定其他公司的活动，这种影响包括定义供应商生产的产品并规定生产工艺及标准。这种权力来自领导公司对价值链关键资源的控制及进入或退出价值链的决定权。同时，领导公司会对供应商提供技术帮助。具体讲，全球价值链治理对发展中国家的影响包括三方面：

首先，市场准入。即使当发达国家解除贸易壁垒，发展中国家也不会自动获得发达国家市场准入，因为全球价值链由发达国家的少数大购买商控制。因此，要想将加工产品出口到北美或西欧，发展中国家供应商必须首先加入领导公司控制的全球价值链。这些领导公司占据着价值链核心环节并对分散在全球的其他环节进行功能性整合（Gereffi，1999）。领导公司的决策会导致某些生产商或贸易商遭受损失。例如，英国—非洲园艺价值链内小种植户被边缘化，原因不是来自大种植商竞争优势的排挤，而是来自领导公司的采购决策。这些决策受到消费者期望、政府或非政府组织有关安全、环境和劳工标准要求的影响（Dolan & Humphrey，2000）。

其次，产业升级。嵌入全球价值链的供应商会经历一条陡峭的学习曲线。出于降低成本、提高质量、加快供应速度等目标，领导公司对供应商要求通常比较苛刻，同时领导公司会传输生产工艺、产品质量提升等方面的技能。高挑战与高支持的结合使得欠发达地区企业在较短时间内发展成为主要出口生产商。如1970年的巴西鞋业及1990年的越南服装业。这种升级效应对新进入全球价值链的当地生产商作用明显（Gereffi，1999），通常能快速提升其生产能力，但在技术与市场能力提升方面会受到阻碍。

最后，收益分配。价值链治理结构的研究有助于解释价值链各环节收益分配。Kaplinsky 和 Fitter 认为，领导企业的治理能力取决于其获取的无形资产，如研发、设计、品牌、营销。这些无形资产获取壁垒较高且回报高。而发展中国家通常被锁定在有形的生产环节，按治理者设定的参数标准生产，进入壁垒较低，竞争者多且回报低，与发达国家获取的利润形成很大差距。

二、全球价值链下发展中国家产业升级的必要性

全球价值链不同环节创造的价值增值不相等，是因为价值链各个环节对要素投入的要求及各个环节的要素价格与稀缺程度不同。全球价值链两端附加值高的研发和品牌环节要求投入大量的知识、技术、资本等要素，而全球价值链附加值较低的中间组装环节则要求投入大量的劳动力。全球价值链各环节要求的要素投入特征及各国要素禀赋优势决定了各国在全球价值链中的位置。发达国家的资本、技术密集型要素丰富，所以发达国家集中核心能力与资源专业从事全球价值链两端的研发、品牌等高附加值环节，在全球价值链分工中占主导地位，掌握产品标准、交易规则制定主导权，且获得高收益回报。而发展中国家的劳动密集要素丰富，低劳动成本使得发展中国家有机会承包发达国家转移的价值链低端的加工组装环节，但在全球价值链分工中处于从属地位，从事加工组装环节只能获得产品价值收益的 5%~10%，且面临被领导企业锁定的风险。

1970 年后，全球价值链微笑曲线变得更深，即价值链的中间阶段增值部分变得更低。这是由于产品加工制造环节的进入门槛发生很大变化。之前制造业在工业化发达国家中占主导地位，随着发达国家制造环节生产成本的上升，其开始将生产环节转移到工资较低的发展中国家，尤其是中国和印度。发展中国家以低劳动成本将进口的原材料加工组装成最终产品再出口。由于加工组装环节的技术要求不高，进入门槛低，不断有成本更低的发展中国家融入全球价值链，所以该环节竞争压力大，价值链内生产环节经济租金逐步转移到了生产外的环节。发展中国家加工后的产品出口价格不断被压低，贸易条件持续恶化，若不积极创新向价值链高附加值环节攀升，会陷入经济悲惨增长。

现有许多案例证明全球价值链收益分配有利于发达国家的领导企业。发达国家领导企业直接参与的价值链环节竞争程度较低。如咖啡全球价值链在许多发展中国家很重要，包括欠发达国家，如埃塞俄比亚、卢旺迪、乌干达等，咖啡出口占据这些国家出口总额的很大部分，但咖啡价值链中60%的增值由从事咖啡烘焙和零售的发达国家获取（Kaplinsky & Fitter，2004）。Dolan和 Humphrey（2000）研究了英国—非洲园艺价值链，其中的小种植商，尽管如大生产商一样高效，但由于领导企业在采购策略中偏好大供应商，小种植商通常被边缘化。Park 等（2013）研究服装价值链发现，发展中国家制造商获取的价值不到10%。再如中国的运动类产品行业，发达国家领导企业通过使用它们的品牌影响力控制国内企业生产模式和升级，以保持其获取高附加值（Zhou et al.，2009）。在电子行业，领导企业获取的价值相对更高，约占产品批发销售价的1/4到1/3。高利润来源集中在核心软件和零部件环节，这些环节由发达国家跨国公司掌握，如微软和英特尔，这些公司拥有制定标准等规则的权力，使它们能够获得更多的价格溢价。由于许多发展中国家缺乏完善的反垄断监管法律，权力不对称引起的扭曲的利益分配不断放大，造成发达国家和发展中国家间的收入差距更加扩大。为摆脱这种困境，发展中国家必须在融入全球价值链的基础上，采取措施向全球价值链两端高附加值环节升级，提升在全球价值链分工中的地位。

第四节　本章小结

本章从全球价值链本身的结构体系出发，分析全球价值链的价值等级体系特征、全球价值链的动力机制及其治理结构。

第一，从全球价值链的价值等级体系特征看，全球价值链由许多相互联系的价值增值环节组成，每个环节创造的价值通过投入的知识、技术含量多少来衡量。全球价值链两端的研发、品牌环节包含大量的核心技术等隐性知识，对其他竞争对手形成了很高的进入壁垒，而中间的加工制造环节所需的要素投入成本低，进入门槛低，集中了许多的竞争对手，所以全球价值链呈现出两端附加值高、中间附加值低的等级体系特征。全球价值链各环节要求的要素投入特征及各国比较优势决定了各国在全球价值链中的位置。

第二，从全球价值链的动力机制看，发达国家跨国公司是全球价值链各环节在全球范围内拆分与重组的主要驱动者。根据跨国公司所掌握的核心能力的不同，Gereffi 和 Korzeniewicz（1994）将全球价值链分为生产者驱动价值链和购买者驱动价值链，之后张辉（2004b）根据实例调研，在生产者和购买者二元驱动机制基础上，提出了生产者与购买者混合驱动价值链，形成了新三元全球价值链驱动机制。

第三，从全球价值链的治理结构看，Gereffi、Humphrey 和 Sturgeon（2003）根据交易复杂性、信息的标准化程度及供应商能力，将全球价值链治理模式分为五种：市场型、关系型、模块型、俘获型和层级型。五种全球价值链治理模式的动态转换为发展中国家供应商向全球价值链高端攀升，实现产业升级提供了机会。

同时，分析全球价值链收益分配的决定因素与发达国家领导者和发展中国家供应商参与全球价值链分工的收益分配情况。另外，分析全球价值链治理结构在市场准入、产业升级和租金收益分配三方面对发展中国家的影响，得出发展中国家嵌入全球价值链低端，获得微薄分工收益，且面临被锁定在底部的风险，提出了发展中国家向全球价值链两端的高附加值环节升级，提升在全球价值链分工中地位的紧迫性和必要性。

第四章　全球价值链下的产业升级路径

第一节　全球价值链下的产业升级路径

一、全球价值链下的产业升级内涵

全球价值链理论认为，融入发达国家领导企业主导的全球价值链是发展中国家参与全球竞争并获得进入发达国家市场机会的重要前提。加入全球价值链有两种路径，低端道路和高端道路。低端道路会使生产者陷入"底部竞争"，经济增长轨迹陷入"悲惨增长"，即尽管出口额大幅增加却没有带来收入水平和福利水平的提高。而选择高端道路的参与者则在参与全球价值链的过程中推动经济良性循环发展，实现了经济的持续增长。两条道路间的关键区别在于创新能力，即保证产品和工艺持续改进的能力。因此，全球价值链分工理论强调学习的能力，这不仅对生产部门有意义，而且影响整个国家创新体系。但仅凭创新是不够的，如果创新速度慢于竞争对手，将导致增值额和市场份额减少，极端情况下，会陷入悲惨增长。因此，创新是置于一定环境下的一个过程，快于竞争对手的程度，又被称为是一种升级。升级概念不同于创新之处在于它强调相对禀赋差异会产生租金。Kaplinsky 和 Morris

(2001) 认为，升级是由于迈进了更高阶段的价值链而获得租金的提升，升级是一个相对的概念，是一个动态过程，关键看有多快及多大程度优于竞争对手，分析的对象包括企业、集群以及国家。

二、全球价值链下的产业升级路径

全球价值链从更宽范围的视角研究产业升级问题，包括价值链内各环节间的转换、环节内部活动的变动情况及价值链条之间的转换。与其相关的，不仅是更新产品和改进工艺方面的升级，还有将价值链作为一个整体来研究其系统整合功能升级，即将价值链内非核心环节逐渐剥离，集中资源向更高附加值的核心环节发展。

具体来说，产业升级路径包括四方面：工艺流程升级、产品升级、功能升级与链条升级。工艺流程升级指通过采用新技术、新设备或新组织方法使生产过程效率提升，中间品更高效地转为产出，达到优于竞争对手的目的，包括链条内效率的提升（如更快的库存周转率和更高效的原料使用率）与链条之间协调效率的提升（如缩短送货时间等）。

产品升级指以快于竞争对手的速度引进新产品或对旧产品改进设计、改进质量并生产出更高单位价值的最终品。

功能升级指跨越到全球价值链内生产环节的更高功能或生产外的更高附加值环节。这通常指迈向价值链更高收益且较难复制的环节，如管理复杂的输入产出网、原始设计、品牌和营销等，如图 4-1 所示。

链条升级，也叫部门间升级，指将某特定任务环节获得的能力，应用到更高附加值的新价值链条中，如中国台湾企业从收音机制造商转移到生产计算机到生产电视到电脑显示器再到笔记本电脑以致现在的手机这样一个升级过程。

表 4-1 列出了价值链四种升级模式的升级实践与升级表现，包括价值链内各环节间的升级、环节内部活动的升级及价值链条之间的升级情况。

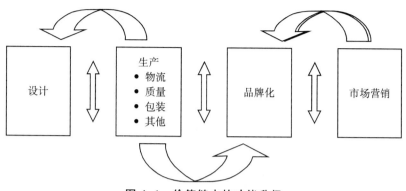

图 4-1 价值链中的功能升级

资料来源：Kaplinsky 和 Morris（2001）。

表 4-1 不同产业升级模式

升级模式		升级实践	升级表现
工艺流程升级	环节内	研发；物流与质量控制系统改进；新机器设备的引入	成本降低；质量和周转效率提高；入市周期缩短；效率改进；专利研发能力提升
	环节间	研发；供应链管理；商务能力；促进供应链学习	降低最终产品成本；提高最终产品质量并缩短入市周期；改进价值链环节间合作协调效率；提升专利研发能力
产品升级	环节内	扩大设计和营销部门；建立或加强新产品研发	新产品、品牌产品销售率提升
	环节间	新产品研发中，与供应商、消费者的合作	受版权保护的品牌数量增多；在市场份额没有下降的条件下，产品单价上涨
功能升级	环节内	向更高价值增值环节迈进并将低附加值活动外包	价值链内分工更细化；占据价值链内核心环节
	环节间	退出现在的环节并迈向更高附加值环节	利润增加；技能和收入增加
链条升级	链条间	剥离旧的生产活动并迈向新的链条；增加新链条的市场份额	利润增加；新产品或差异产品销售率提升

资料来源：根据 Kaplinsky 和 Morris（2001）的资料编制。

三、全球价值链下的产业升级机会与升级阻碍

全球价值链四种产业升级方式是否是呈层级结构，企业是否必须沿着工艺流程升级、产品升级、功能升级到链条升级的路径攀升？针对这个问题，学者们观点各不同。以 Gereffi 为代表的学者们肯定了这种升级路径，Gereffi（1999）通过对中国香港服装企业从 OEA 原始设备组装到 OEM 设备制造到 ODM 设计商到 OBM 自有品牌构建的角色提升路径观察，发现发展中国家生产商加入购买者驱动价值链，沿着从组装进口零部件，到负责整个产品的加工生产到设计产品到销售自有品牌产品四个步骤的升级轨迹，可以实现产业升级（见图 4-2）。这一升级过程反映了品牌等无形活动在价值链增值环节中所占份额越来越大。但是，这种升级轨迹主要发生在购买者驱动价值链中，由前面分析的生产者驱动价值链、购买者驱动价值链及混合驱动价值链间的区别可知，这种升级轨迹不一定适合其他驱动类型价值链。以 Schmitz、Kaplinsky 为代表的另一些学者否定自动升级轨迹，认为升级过程不是自然而然的。领导企业一般会帮助供应商实现工艺和产品升级，但在功能和链条升级方面，会有意设置障碍。鉴于上述学者们之间的分歧，我们必须找到影响发展中国家供应商嵌入全球价值链进行产业升级的关键因素。

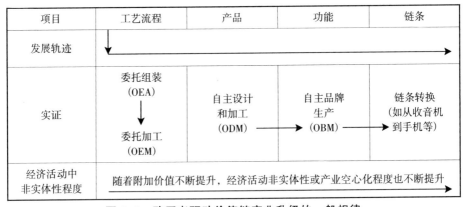

图 4-2　购买者驱动价值链产业升级的一般规律

资料来源：Kaplinsky 和 Morris（2001）。

(一) 产业升级机会: 工艺和产品升级

1. 技术和知识转移

融入全球价值链使一国获得了贸易和对外投资的机会, 并且贸易与对外投资过程会产生知识和技术溢出。参与全球价值链通过两种方式来影响技术和知识转移: 第一, 在交换产品中, 通过生产技术传输产生知识溢出。随着全球价值链分工的深化, 中间品进口比最终品进口的技术溢出要强, 且当这些进口来源于发达国家时, 溢出效应更强, 因为相对发展中国家, 发达国家的技术更先进。这表明融入全球价值链, 获取与发达国家贸易或投资的机会, 将会使发展中国家受益。第二, FDI 是全球价值链技术和知识溢出的第二个渠道。伴随 FDI 的进口溢出效应更强, 如资本品, 机器和 ICT 产品。Blalock 和 Gertler (2008) 发现, 外国企业有动力生产这些溢出。一旦它们决定在某国投资, 他们会将一般技术广泛传播, 以免因单个供应商而耽搁整个业务。除技术和知识溢出外, 还包括提供技术扩散的服务, 如计量、标准、测试、品质保证和组织咨询等, 以使供应商提供的产品达到国际标准并及时了解国际市场需求信息。FDI 也会通过降低获取新技术的成本和提升国内市场的竞争度刺激国内投资。

2. 能力构建: 根据当地条件调整知识和技术

能力指有效运行知识和技术的能力, 它决定着发展中国家是否及如何融入全球价值链。能力是一个很宽泛的概念, 包括组织方法、质量管理、国际标准达标、采购信息获悉以及将中间品有效配置到合适区位的能力。能力可以通过许多渠道构建, 包括工人培训、与客户互动和逆向工程。发展中国家的政策和制度影响设备及服务的国际流动, 人力资本和对外投资是促进这些能力构建的关键。进一步, 一些能力只能通过与外国客户的直接互动中获得。通过这些互动, 供应商获得了全球市场对产品、流程、技术和标准等方面要求的信息。这些信息指导想成为全球价值链跨国公司供应商的当地企业按照跨国公司要求的规格生产。这种类型的能力投资产生两方面收益: 效率收益, 使得当地企业以更低的价格生产; 声誉收益, 供应商能力提升帮助其有机会与更高效率的跨国公司建立关系。成功的能力构建为供应商带来了竞争优势，如一些企业的能力很难复制，可以获得高于市场平均利润的收益。但能力构建是一个动态持续的过程，如随着经济发展，一国工人的工资会提升，其劳动密集活动的优势就会减退，需要重新定位产业比较优势。

3. 工艺和产品升级

工艺和产品升级机会与全球价值链治理结构紧密相关。嵌入领导型全球价值链，供应商可获得工艺和产品升级机会，功能升级会受到阻碍。关系型全球价值链下，交易信息不易被编码，它提供了理想的工艺和产品升级条件。但由于发展中国家参与的全球价值链生产环节很容易进入，知识容易被编码，所以发展中国家生产商嵌入关系型价值链的机会很小。

领导型价值链治理模式下，发展中国家供应商按照领导企业提供的设计、品牌进行代工生产。领导企业会要求供应商在产品质量、安全性、交付速度及可靠性等方面符合国际标准，并会对供应商进行具体的流程指导。供应商在向领导企业学习过程中，获得了产品工艺改进、产品质量提升，对顾客订单反应速度加快等方面的能力。在购买者驱动全球价值链下，领导企业还有一个重要的作用是传输信息，尤其是有关国际市场需求趋势方面的信息，指示着发展中国家供应商的升级方向。在某些部门，如汽车零部件和消费电子品，领导企业本身在促进升级方面并不起很大作用，因为所规定的要求通过编码已经标准化。因此，为了留住领导企业作为买家，供应商通过联系中间咨询商或求助其他市场上提供的知识源进行升级。

标准是工艺和产品升级的重要工具，在领导企业的要求下，高标准可以促进供应商技术进步，实现工艺和产品升级，并使其产品以高附加值进入出口市场。随着时间变化，企业参与全球贸易需要遵循的标准重要性在提升，数量在增加。嵌入全球价值链超过15年的地区，如东亚和中东欧，获得国际标准化组织认证的产品增多，许多标准设定为制造业和服务业提供了品质保证。而且，对发展中国家生产商有利的一点是部门内标准一致化的趋势，为生产商提供了不只为一个领导企业生产的机会。标准同时是贸易的催化剂，它在信息获取方面减少差异，尤其在发达国家和发展中国家的贸易中较显著。另外，标准化可以减少交易成本，并提升消费者信心。

（二）产业升级阻碍：功能和链条升级

1. 功能和链条升级阻碍因素

发展中国家供应商起初融入领导型全球价值链，依赖少数有实力的领导企业，议价能力很弱。当供应商生产能力获得一定提高，试图向功能和链条升级时，经常会受到领导企业的限制，尤其当供应商的升级努力威胁到领导企业核心活动的竞争优势时，如研发、品牌和销售，这些限制会更加强烈。领导企业施加的压力使许多部门的功能升级受阻，大多数供应商仍被限制在生产环节，少数供应商跨越到了设计环节，但建立自己的品牌或营销渠道很难。阻碍发展中国家供应商功能升级的两大因素是：全球购买商权力约束与供应商资本不足的限制。

（1）全球购买商权力约束。全球价值链的权力越来越来源于对非生产环节的控制，如产品研发、品牌、营销及价值链管理。这些环节通常被领导企业即全球大购买商作为核心竞争力来控制并专注投资。相比之下，位于竞争激烈制造环节的发展中国家供应商议价能力很弱。当发展中国家供应商试图向设计、品牌和营销环节升级时，就会与全球购买商的核心利益发生冲突。因为实现这种升级，供应商会在一些市场上成为全球购买商的直接竞争者。所以，领导企业会有意对其核心技术实施战略隔绝机制以阻碍供应商功能升级。被俘获的供应商经常被限定在很小的生产范围内，如主要负责简单的加工组装，依赖领导企业提供设计、物流、零部件采购和工艺技术更新等活动的支持。领导企业还会不断提高产品在质量、安全性、交付速度等方面的要求，迫使供应商不得不引进发达国家的先进设备，形成对领导企业很强的技术依赖，致使国内产业关联效应减弱。高资产专用程度使得供应商面临很高的转换成本，进而被锁定在全球价值链的低端，以维护微薄的既得分工利益。

（2）供应商本身资本等其他条件不足的限制。当发展中国家企业试图建立自己的品牌并在美国或欧洲市场建立销售渠道时，往往会因为缺乏需要的一系列投资而举步维艰，且在不能保证成功时，存在很高的沉没成本。

2. 功能升级

如果功能升级不是直接侵犯领导企业的核心竞争力，则有可能实现，如墨西哥和"亚洲四小龙"等发展中国家服装制造商实现了从组装加工品并以低附加值出口到在当地采购原料并生产成品出口的升级。在购买者驱动价值链中，这种通过垂直联系的功能升级相对容易，因为领导企业完全集中于在其母国市场的设计、销售，从不涉及制造。供应商功能升级符合这些领导企业的利益，领导企业只想集中提升他们在设计和营销环节的核心竞争力，而把其他环节交给供应商来做。

但若想进一步升级为自主品牌制造商将很难。因为实现这种升级，供应商将在某些市场上成为领导企业的直接竞争者。三种方法可以促进供应商实现功能升级：第一，除为跨国领导企业服务外，为国内市场较小范围的客户群服务。在巴西，零售商购买鞋的设计并贴上自己的品牌或供应商的品牌在其国内市场出售。相似的，印度针织衫类企业发展自己的品牌，卖给小的国外贸易商。第二，同时参与不同价值链。不同的价值链治理模式将使得供应商获取不同类型的能力。如果将新获取的能力从领导型价值链运用到市场型价值链中，将产生重要影响。Navas-Aleman（2011）发现，参与多条价值链的生产商在实现这三种升级方面都达到了最好的水平：产品、工艺和功能升级。Giuliani 等（2005）在研究 40 个拉美工业集群时，发现了许多参与多条价值链的集群案例。第三，参与国内、区域和全球价值链。许多不同行业的企业都表现出这种多元化活动。特别在当地市场，设计和营销功能升级较易实现。对于融入全球市场较弱的小规模生产商来说，融入区域价值链是达到国际要求的生产率和质量标准，以进入全球价值链的中间步骤。

产业集群能有效促进功能升级。在集群内的专业化分工下，供应商、代理商、专业化生产者服务和大量的专业技术工人构成了高效的合作网络。联合机构对支持集群的发展很重要，包括企业协会、联合市场、贸易展销会、技术研发扩散中心及大学、科研机构等。集群内支持性服务和基础设施网络的完善及教育水平的提升，将促进集群内供应商功能升级的实现，但这通常发生在供应商嵌入全球价值链的后期，如东亚新兴工业国家的一些企业，在成为发达国家领导企业的主要制造基地后，将其专业制造能力与设计和销售自己的品牌产品结合，成功实现功能升级。韩国是代表国之一，创建了很多国际广泛认可的品牌，包括汽车业的现代、电子产品类的三星，这些品牌产品在许多发达国家市场销售。

3. 链条升级

链条升级或部门间升级，指构建垂直后向联系或转移到新产品或活动的能力。垂直后向联系指当地供应商与国内价值链上下游企业的联系与整合。成功的构建垂直联系能够使得国内价值链各环节企业享受知识和技术溢出。开发新产品或新活动的链条升级是一个试错的过程，需要企业不断地试验，因为企业不可能在一开始就准确辨认出哪些产品和活动有竞争力，且能带来持久竞争优势。试验对一国来说是发现有出口竞争力产品的一个重要方法。升级进入新产品生产链条一个成功案例是中国台北制造商，开始基于自身研发的技术生产电视，然后第一家制造显示器，之后又转向电脑行业。哥斯达黎加从医疗到电脑芯片的多样化升级也被视为是链条升级的典型案例。

结合前面分析的全球价值链价值等级体系，治理模式下的权力不对称关系使得价值链内领导企业决定租金分配和其他参与者升级情况。不管哪种治理模式，领导企业设置升级障碍的关键判断在于是否侵犯到其核心利益。表4-2列出了发展中国家供应商嵌入全球价值链的升级机会与升级障碍相关情况。

表4-2　发展中国家供应商嵌入全球价值链的升级机会与升级阻碍

	升级机会	升级阻碍
升级模式	促进工艺升级、产品升级	阻碍功能升级、链条升级
作用阶段	嵌入全球价值链初期	嵌入全球价值链后期
作用层面	经济规模（绝对量）	竞争地位（相对量）

续表

	升级机会	升级阻碍
作用方向	正向作用	负向作用
作用方式	技术转移及外溢、投资驱动、需求驱动	技术封锁、非关税壁垒、寻找替代者
企业内因素	CEO促进升级 高效的研发管理 持续改进的结构化流程	中层管理对新工作条例的抵制 新产品开发中，资源、资本不足 技能缺乏
企业外因素	价值链领导者促进和协助价值链内参与者 完好的商业服务设施及政府项目支持 完善的法律制度 竞争力增强且提供的中间品价格上涨	全球购买商阻碍供应商对其产品设计 的使用 知识产权保护

资料来源：作者整理。

第二节　不同驱动模式下的产业升级轨迹

根据第三章分析的全球价值链动力机制可知，不同领导者驱动下的全球价值链显示出不同的特征，所以产业在进行升级时，首先要分析其所属于的价值链驱动类型，从而按照该驱动模式的升级规则选择升级轨迹。

一、生产者驱动价值链下的产业升级轨迹

生产者驱动价值链中，大型跨国制造商主要提供关键零部件，并协调全球生产网络的前向和后向联系，在全球生产网络中起中心作用。资本和技术密集产业多属于生产者驱动价值链。这种价值链的收益主要来自生产环节的规模经济、技术改进方面，从生产环节到流通环节的价值增值率边际递减，如图4-3所示。

由于生产者驱动价值链的增值环节在生产领域，所以嵌入生产者驱动价值链的产业升级重点在工艺和产品升级上，这两个阶段的升级难度较大，而集中在流通领域的功能升级相对容易。相对产品升级，工艺升级更难，因为

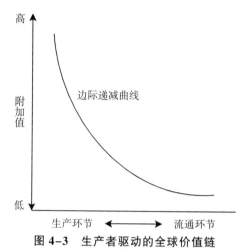

图4-3 生产者驱动的全球价值链

资料来源：张辉（2007）。

产品升级可以通过引进新设备或新产品，对其中包含的知识进行编码来交易，而工艺升级需要的隐性知识很难编码和交易。一旦企业在工艺流程环节实现了升级，将驱动整个生产者价值链升级。可见，生产者驱动价值链的升级轨迹是沿着功能升级、产品升级、工艺升级、链条升级，由易到难依次推进。如图4-4中的全球价值链OH的驱动力来源于生产者，所以其升级轨迹由功能升级向工艺升级难度依次提升，且在功能升级和产品升级阶段，升级速度较快，到工艺升级阶段，MH线变得较陡峭，升级速度减慢。所以，嵌入生产者驱动价值链的产业要实现升级，不仅不是自然而然的过程，而且在努力升级过程中，会遇到许多竞争者的挤压，如果不积极进行技术创新，将会被不断的新竞争者赶超，压在全球价值链分工的底端。

二、购买者驱动价值链下的产业升级轨迹

购买者驱动价值链中，领导企业是大的零售商、营销商和品牌制造商，其通常设计和销售其品牌产品，但不参与制造环节，即属于"没有工厂的制造商"，实现了有形产品生产环节与无形设计和营销环节间的有效分离。在层级分工网络下，较大的一级供应商外包特定的任务给二级供应商，以此类

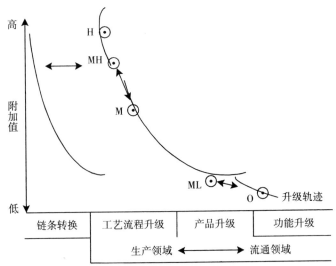

图 4-4 生产者驱动型全球价值链下的产业升级轨迹
资料来源：张辉（2007）。

推，零售商、设计商和营销商是连接海外工厂和贸易商的战略经纪人。消费品行业多属于购买者驱动价值链，如服装、鞋类、玩具、手工艺和消费电子品。价值链的零售商使用工艺技术，如条形码和销售点扫描等提供快捷、准确的产品销售信息。这些信息使得他们能够迅速对消费者需求变化做出反应，从而指导供应商及时管理库存以降低风险并节约成本。购买者驱动价值链的收益主要源于价值链高端的设计、品牌、营销及金融服务等流通环节，从生产环节到流通环节的价值增值率边际递增，如图 4-5 所示。

由于购买者驱动价值链的增值环节在流通领域，所以嵌入购买者驱动价值链的产业升级重点在功能和链条升级上，这两个阶段的升级难度较大，而集中在生产领域的工艺和产品升级相对容易。所以，如图 4-6 中的全球价值链 OH 的驱动力来源于购买者，其升级轨迹由产品升级向功能升级难度依次提升，且在工艺升级和产品升级阶段，升级速度较快，到功能升级阶段，MH 线变得较陡峭，升级速度减慢，大多数企业受阻于功能升级环节。一旦企业实现了功能升级，将形成核心竞争力，跃升为购买者价值链条的领导者，向链条升级迈进。可见，购买驱动价值链的升级轨迹是沿着工艺升级、

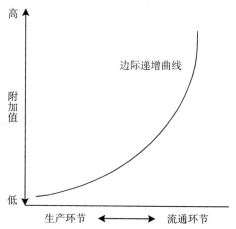

图4-5 购买者驱动的全球价值链

资料来源：张辉（2007）。

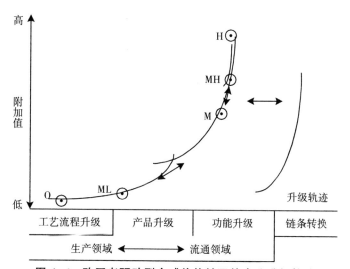

图4-6 购买者驱动型全球价值链下的产业升级轨迹

资料来源：张辉（2007）。

产品升级、功能升级、链条升级，由易到难依次推进。我国服装等代工企业
嵌入的购买者驱动价值链符合这种情况，开始在工艺和产品升级时，速度较
快，但在功能升级方面，却受到发达国家领导企业的极大阻碍，所以，嵌入
购买者驱动价值链的产业要实现升级，也不是自然而然的过程，需要企业在

与发达国家领导企业合作过程中，积极学习，通过干中学，不断自主创新，否则将会在激烈的竞争中被淘汰。

三、混合驱动价值链下的产业升级轨迹

尽管生产者与购买者二元驱动机制为我们研究问题提供了一个清晰的框架，但其仍是基于假设而缺乏有力的证明。实际中，一些行业价值链呈现出生产者驱动与购买者驱动的混合治理。张辉（2007）在生产者和购买者二元驱动机制基础上，提出了生产者与购买者混合驱动价值链，形成了新三元全球价值链驱动机制。混合驱动型价值链具备生产者和购买者二者的特征，生产和流通环节价值增值都有偏重，其价值分布特征类似于前面分析的"微笑曲线"，从生产环节到流通环节边际价值增值率先递减后递增，如图4-7所示。

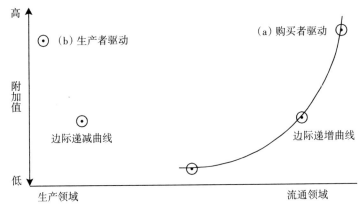

图4-7　混合驱动型全球价值链下的产业升级轨迹

资料来源：张辉（2007）。

混合驱动价值链不同于生产者与购买者驱动价值链，其空间价值等级体系是呈双极性的，所以产业升级轨迹较复杂。一般情况下，首先需要确定驱动该产业升级的动力源是生产者还是购买者，其增值环节是在生产领域还是流通领域；其次根据该产业属于的价值链驱动特征来选择升级轨迹；最后根据具体条件的变化对升级轨迹进行修正。

第三节　不同治理模式下的产业升级

过去几十年，全球价值链由发达国家跨国公司控制与协调，嵌入全球价值链的发展中国家供应商与跨国公司之间大多是基于领导型治理模式，极少是网络型治理模式。所以，前面分析发展中国家供应商嵌入全球价值链升级机会与升级障碍主要是基于领导型治理模式。但是，价值链治理模式不是固定不变的，随着时间发展，治理模式间会发生动态转换，且在不同治理模式下，企业的升级情况会有很大不同，这取决于价值链内不同主体间的关系，即不同治理模式下的权力平衡程度。

当出现以下几种情形时，价值链治理模式会发生动态转换：第一，当供应商或子公司获得新能力时，价值链权力关系会发生变化，供应商可能会从领导型治理模式向网络型治理模式转换。第二，由于交易专用性投资，领导企业建立和维持领导型治理模式的成本较大。领导企业可能会寻求基于网络型治理模式的供应商，以降低资产专用性风险。第三，企业或集群不会只嵌入一条价值链，而会同时参与多种类型价值链，并将从某条价值链上学到的能力运用到另一条价值链。不同治理模式下，产业升级情况有很大差异。

一、市场型治理模式下的产业升级

市场型治理模式下，购买商与供应商（制造商）基于市场关系，通过价格机制进行交易，不存在权力不对称关系与资产专用性问题。但市场型治理模式需要两个条件：第一，购买商与供应商交易的是成熟的标准化产品；第二，供应商有一定的技术优势与市场控制力。在市场型价值链治理模式下，供应商不仅可以实现产品和过程升级，而且依靠"片段化"生产，通过创新实现功能升级和链条升级。20世纪的自行车制造业可以看作是市场型治理模式下的一个实例，其实现升级的方式主要是通过不断完善零部件的标准化程度。并且，从供应商角度看，在市场型治理模式下，不仅可以通过低交易成本和规模经济完成升级，而且也可以通过发展其在该产业中某一环节的能力获得升级。

然而，关于在市场型价值链中发展中国家供应商的升级机会问题，目前学术界还没有一致的结论。有的学者认为，既然产品可以在市场上自由获得，购买商就没有必要控制供应商。供应商也不会受制于购买商，升级的阻碍也不会从链中产生。基于此，Humphrey 和 Schmitz（2000）认为，市场型价值链对发展中国家供应商的升级既无帮助也无阻碍。但不少实证研究却得出了不同的结论。Tewari（1999）关于印度 Ludhiana 毛织品集群的研究证明，进入市场型价值链有助于功能升级。Ludhiana 集群的主要毛织品生产商通过与国外小型贸易商而不是大型贸易商进行交易建立了比较对称的关系。他们雇用熟悉发达国家市场的设计者开发自己的产品，并收到了功能升级的效果。当然，这一般离不开早期在国内市场建立品牌和开发产品的经验。Bazan 和 Navas-Aleman（2004）对巴西西诺斯鞋业集群进行了具体案例分析，巴西鞋业集群与拉丁美洲市场主要是基于市场型治理关系，其促进了巴西鞋业集群功能升级，但工艺和产品升级不明显。巴西西诺斯鞋业集群占据了全巴西总产量和总出口量的 60%，这说明，市场型治理模式有利于促进规模较大、实力较强的发展中国家供应商实现功能升级。Schmitz 对巴西 Sinos 谷进行的调查却发现，大量小型鞋类制造商通过小型贸易商与欧洲和北美市场建立了关系，但他们并没有创立自己的品牌，也没有实现功能升级。这些出口制造商长期服务于大型购买商并按他们的需要组织生产。

因此，嵌入市场型价值链，是否有助于发展中国家制造商实现功能升级不能一概而论，而应该视发展中国家制造商的规模大小、发达国家贸易商的规模及地方产业所采取的策略而定。

二、关系型治理模式下的产业升级

关系型价值链治理模式与市场型治理模式相比,企业间有更强的互补能力,相互承诺,共同合作使命感更强;与领导型治理模式相比,企业间权力关系更对称,这对双方相互学习和并行创新都有利。因此,发展中国家制造商能够嵌入关系型价值链,会处于理想的升级环境,但这种治理模式较多发生在发达国家之间,其基于网络关系,能力互补、资源共享,集中开发新工艺和新产品的现象很常见。对于发展中国家制造商,嵌入关系型治理模式下的价值链较困难,因为关系型治理要求供应商与购买商能力互补,共同研发,但发展中国家供应商通常在研发所需要的专业人才、技术、基础设施及金融支持等方面条件欠缺。一般认为,发展中国家制造商不可能在产品生命周期的早期阶段嵌入关系型价值链。在早期阶段,新产品主要通过发达国家制造商和客户之间的密切合作来开发。

虽然嵌入关系型价值链的机会有限,但关系型价值链下不同价值链相互交织在一起,具有产品升级、工艺升级和功能升级方面的优势条件,发展中国家制造商一旦嵌入则能为功能升级创造有利条件。

三、模块型治理模式下的产业升级

最近出现了一种新型网络治理关系,模块化价值链治理模式。前提也是基于能力互补、资源共享,但不需要供应商有很强的创新能力,模块化产品结构通过减少组件变量,统一组件、产品和工艺流程的规格,制定技术标准使企业间的互动简化。供应商提供全套包装和模块,使难以编码的信息内部化,降低了资产专用性,且提供给了客户直接参与的机会,满足客户个性化定制需求。模块化价值链源于领导型价值链,对于发展中国家从领导型升级到模块化价值链的条件尚不清晰。但模块化价值链治理模式,有利于促进供应商功能和链条升级。

目前,我国台湾电脑产业集群已经基本形成了一种模块化生产网络。集群企业不仅在产品质量、交货速度方面有较强的优势，而且拥有紧追行业发展的最新生产能力，在当地招聘到各种专家，生产品种繁多的产品，能够满足客户所要求的各种性能组合。此外，集群企业还可以进行调整性和应用性的研发。这些企业在不断提高设计和生产开发能力以后，就更加能够从硅谷获得新的生产思想和技术并快速进行大批量、低成本生产和产品集成。

Humphrey 和 Schmitz（2000）也认为，虽然巴西 Sinos 谷皮鞋产业集群的制造商对美国、欧洲购买商的交易依赖性仍然很高，而且产品研发较少，但经过多年的发展，Sinos 谷皮鞋集群企业在产品质量、交货速度方面已经拥有了较强的优势，也具备了为购买者生产任何指定品种皮鞋的能力。因此，巴西鞋业集群正经历从领导型向模块型升级的转化，功能升级的步伐会加快。

四、领导型治理模式下的产业升级

领导型治理模式下，发达国家购买商和发展中国家供应商之间是控制与被控制关系。Gereffi（1999）在对服装产业全球价值链的研究发现：为美国采购商生产的东亚国家供应商处于一个从 OEM 到 ODM 直至 OBM 的升级轨迹。嵌入到领导型治理模式的发展中国家供应商也乐观地认为，他们在生产方面有较好的升级前景，即从产品升级至设计、市场开发和品牌这些功能升级。事实上，制造商确实从全球购买商那学到了如何改善制造流程，获得高品质产品以及如何提高对顾客需求的响应速度，这对于刚刚进入到全球市场的制造商来说是非常重要的。基于此，可以认为，进入领导型价值链，不但可以实现工艺和产品升级，也可以实现功能升级。

关于嵌入领导型价值链，有助于发展中国家实现工艺和产品升级的观点，大多学者是同意的。然而，关于领导型治理模式是否有助于功能升级的问题，目前尚存在许多争议。Hobday（1995）和 Schmitz（2000）通过实证分析也分别证明了购买者支持东亚和巴西相关产业出口制造商的重要性。但是，在制造商的能力得到提高后，购买商就不需要从特定生产能力方面对制造商进行支持。因此，购买商的支持会逐渐减少。Hobday 对从 OEM 再到 OBM 的转换也进行了最为全面的分析，结果发现从 OEM 转向 ODM 的证据比从 ODM 转向 OBM 转换的证据多。全球鞋业价值链的研究表明：中国、印度和巴西的制造商在发展它们的设计和营销能力时遇到了壁垒。

上述研究说明，发展中国家供应商在嵌入领导型价值链过程中，功能升级受到了不同程度的阻碍，主要有两类：一是购买者权力约束。全球价值链的力量源泉在于越来越多的非生产活动，尤其是品牌、营销、产品开发和企业间关系的协调。全球价值链中的领导型企业集中投资于这些被视为核心能力的活动，严格控制着核心价值环节。为了维护其核心竞争优势将阻止一切有损其竞争力的行为，领导型企业必将打压 OEM 厂商向 OBM 转变，极力阻碍发展中国家供应商的功能升级。因此，供应商很难与主导企业分享这些核心能力。二是资源要求较高，即对于发展中国家的制造商而言，在国外市场拓展自有品牌产品的投资要求较高，而且需要承担较大的风险，并不是所有的 OEM 的厂商能顺利转向 OBM。

不过，Humphrey 和 Schmitz（2000）认为，发展中国家制造商嵌入领导型价值链，功能升级的可能性在某些条件下也会提高。如发达国家的领导型企业可能会转移在全球价值链上的非战略能力，或重新界定其自身能力并放弃某些环节，从而将制造功能和部分设计功能外包，甚至把它们直接转移给发展中国家的制造商。目前，发展中国家企业和发达国家企业间关系大多属于领导型治理模式，所以分析领导型治理模式下的产业升级问题是今后研究的重点，这对于促进发展中国家制造商克服领导型治理下的障碍，实现功能升级具有深远的现实意义。

五、层级型治理模式下的产业升级

层级型治理模式下，价值链中核心企业通过自身的绝对支配力对产品价值链所有环节的企业拥有产权。层级型以企业制为典型，其运行的核心是管理控制。这种状况决定了主导企业在全球价值链中的主导地位，其他企业事实上是主导企业的不同"生产部门",这些企业没有自主的生产决策和经营权,价值链所涉及的研发、生产和销售活动都由主导企业统一决策,进行集中管理。在现实中,表现为跨国公司母公司与其在发展中东道国控股或投资子公司之间基于同一价值链的上下游企业关系。

随着在全球投资的增加,跨国公司或者在发展中东道国独资经营,或者与东道国制造商进行合资经营,或者收购东道国制造商。双方基于契约的上游和中间投入品以及最终产品配套、组装、供应关系,企业间以及内部的联合产品开发和市场开发关系,将迅速提高东道国企业的生产制造能力,提高企业产品质量,改进生产工艺。从而,东道国生产商有机会从生产初级产品转向生产高档产品,提高产品的附加值。摆脱单纯从事某个非核心、低附加值环节的从属地位,并沿价值链上下游的高附加值环节延伸,形成集群供应链式的整合,表现为集群功能升级。但由于企业自身能力的制约和环境不确定的加剧,跨国公司一般只对附加值高或供给较困难和具有核心竞争力的环节进行控制。如跨国公司在股权、产品技术及市场渠道等方面对东道国制造商实行不同程度的控制,将利润率低的加工组装等环节推给发展中国家的制造商,从而减弱了技术和知识外溢,使东道国制造商的功能升级被锁定在有限的范围内。并且,在这种层级型治理模式下,跨国公司对其核心能力控制的越紧,发展中国家制造商进行升级的空间越小。

综上所述,全球价值链治理模式对发展中国家制造商产业升级有重要影响(见表4-3)。市场型价值链是否有助于功能升级,视发展中国家制造商的规模大小和发达国家贸易商的规模而定;关系型和模块型属于网络型治理模式,有助于功能升级和链条升级;领导型、层级型全球价值链治理模式,有助于工艺升级和产品升级,层级型能较快进入功能升级,但经常被锁定在有限的范围。

另外,产业升级过程也需要考虑正确的地域拓展路径。在对巴西和印度的案例研究中,发现企业专注于国内市场,更容易发挥自身的设计、品牌优势并建立销售渠道。这样先在国内市场获得核心竞争力,然后打破邻国市场

表4-3　不同治理模式下的产业升级

治理模式	产业升级研究	结论
市场型	购买商与供应商基于市场关系，通过价格机制进行交易，不存在权力不对称关系与资产专用性问题。购买商与供应商交易的是成熟的标准化产品；供应商有一定的技术优势与市场控制力	促进规模较大、实力较强的发展中国家供应商实现功能升级
关系型	基于网络关系，企业间权力关系对称、能力互补、相互承诺，共同合作使命感更强。较多发生在发达国家之间，资源共享，集中开发新工艺和新产品。发展中国家制造商较难嵌入，但一旦嵌入成功，对功能和链条升级将会很有利	促进发达国家工艺流程、产品、功能及链条升级；发展中国家嵌入机会有限，一旦嵌入，会促进功能和链条升级
模块型	发展中国家供应商与客户基于网络关系，各价值环节模块的信息以技术规范的形式标准化，供应商提供全套包装和模块，降低了资产专用性并满足客户个性化定制需求	促进功能和链条升级
领导型	发展中国家生产商加入购买者驱动价值链，沿着从组装进口零部件，到负责整个产品的加工生产到设计产品到销售自有品牌产品的升级轨迹，可以实现产业升级	有利于工艺流程和产品升级，但是能否促进功能和链条升级尚存在争议，取决于是否侵犯到领导公司核心利益
层级型	领导公司对子公司实行直接的所有权控制，其他子公司的研发、生产及营销等各环节活动都由总公司统一管理，升级空间很小	跨国公司对核心能力控制得越紧，子公司升级空间越小

资料来源：作者整理。

直至开拓全球市场。这说明全球价值链与国内价值链相比，企业建立国内价值链，更容易实现功能升级。但这些案例提供的经验毕竟不能代表全部，于是引出了问题：实现功能升级的关键是什么？是国家价值链与全球价值链间的选择还是领导型治理关系与网络型关系间的选择？在国内市场，价值链治理关系较少是领导型，这给予了供应商更多空间去发展自己的产品而不是按照客户的规格和要求去生产。但国内供应商与客户间的关系尚存在争议：是交易型还是互动型？交易型即买卖关系；互动型指信息与经验间的交流与互动，如交流去生产什么，如何生产，及如何提升生产效率等。鉴于该类研究是一个非常复杂的系统工程，需要更多实地调研及具体案例分析，才能有更深入的系统认识。

第四节　本章小结

本章从全球价值链视角探讨了产业升级的内涵与路径，指出了发展中国家参与全球价值链分工的产业升级机会与升级阻碍；同时，提出产业升级机会下，通过知识和技术转移进行能力构建来实现工艺和产品升级的方法，及产业升级阻碍条件下，实现功能和链条升级的方法。通常发展中国家供应商在为发达国家跨国公司代工生产过程中，通过干中学及技术、知识溢出效应，较易获得产品和工艺升级，但在向功能和链条升级过程中，由于可能会侵犯到领导企业的核心利益，会受到领导企业的升级阻碍，这种情况主要发生在领导型治理模式下。因此，发展中国家产业升级路径与全球价值链驱动模式和治理结构密切相关。

不同领导者驱动下的全球价值链显示出不同的特征，其升级轨迹也不同。生产者驱动价值链的升级轨迹是沿着功能升级、产品升级、工艺升级、链条升级，由易到难依次推进。购买驱动价值链的升级轨迹是沿着工艺升级、产品升级、功能升级、链条升级，由易到难依次推进。混合驱动价值链，其空间价值等级体系呈双极性，产业升级轨迹较复杂，一般情况下，首先需要确定驱动该产业升级的动力源是生产者还是购买者，其增值环节是在生产领域还是流通领域；其次根据该产业属的价值链驱动特征来选择升级轨迹；最后根据具体条件的变化对升级轨迹进行修正。

在不同治理模式下，企业的升级情况会有很大不同，这取决于价值链内不同主体间的关系，即不同治理模式下的权力平衡程度。市场型治理模式下，领导企业和供应商之间主要基于市场关系，不存在权力不对称和资产专用问题，供应商较易实现功能升级；关系型治理模式下，领导企业和供应商之间各有核心能力，优势互补，供应商容易实现工艺、产品、功能和链条升级，但对发展中国家供应商来说，嵌入关系型治理模式的价值链较困难；模块型治理模式下，供应商为领导者提供标准化的价值模块，资产专用性低，供应商容易实现功能和链条升级；领导型治理模式下，供应商议价能力弱，在领导企业的指导下，容易获得工艺和产品升级，但功能和链条升级会受到限制；层级型治理模式下，领导企业对供应商控制较严格，供应商升级空间很小。所以，理想的升级环境是发展中国家供应商嵌入市场型、关系型和模块型价值链，但这需要供应商构建核心竞争优势，与发达国家领导企业形成能力互补，这进一步证明了我国产业在升级过程中，提升自主创新能力，构建核心竞争优势的重要性。

第五章 全球价值链下生产性服务业促进制造业升级的机制分析

传统上，由于服务的无形性和生产与消费的不可分性，服务被认为是不可贸易的。但信息技术的发展使得服务可以通过电信等技术设备传输，提高了服务的可贸易性。同时，乌拉圭回合谈判及 GATS 的签订逐步消除了服务贸易壁垒，为推进服务贸易自由化进一步提供了制度保障。事实上，自 20 世纪 80 年代初起，国际服务贸易发展速度快于商品贸易，2014 年全球服务贸易额占到全球贸易的 25%。其中，生产性服务贸易逐步发展成为发达国家服务贸易的主要部分。

第一节 生产性服务业及其国际转移

随着全球价值链分工的深化，生产跨越国际边界扩展速度加快，价值链生产和服务各环节不断以新的方式拆分和重组，价值链分离的各环节需要生产性服务来连接和协调。并且，生产性服务为全球价值链的两端提供高附加值中间投入。生产性服务业在制造业产品增值及协调全球价值链各环节联系方面发挥着越来越重要的作用。生产性服务业转移成为全球新一轮产业转移的主要内容。依托生产性服务业国际转移所产生的发达国家服务外包需求推动着我国服务贸易出口的发展。所以，对生产性服务业与其国际转移的研究对促进我国服务贸易发展及制造业转型升级有重大意义。

一、生产性服务业

(一) 生产性服务业内涵

生产性服务业概念最早由 H. Greenfield 在 1966 年提出，他从服务功能方面指出了服务与生产间的密切联系，认为生产性服务业是向企业生产者而非最终消费者提供的中间产品或服务 (Greenfield, 1966)。Katouzian (1970) 从需求角度分析生产性服务业作为一种中间需求，随着企业迂回生产度的延长及市场规模的扩大，中间品范围和复杂度的提升对生产性服务中间需求不断增加。Matthew (1992) 根据美国 1985 年投入产出表，将中间投入至少占到总产出的 40%界定为生产性服务部门，且中间投入须满足知识、信息密集的特征。Hanson (1990) 认为，生产性服务是协调和控制企业内专业化经营，联系现代化专业经济各分散要素的纽带，其中包括产业上游的研发、设计，产业下游的市场营销、物流等活动。Gold (1981) 认为，随着企业规模扩大和专业化程度的加深，企业内更广范围和更专业的相互依赖的业务需要服务去计划、协调和改进。生产性服务业在企业不同阶段的生产过程中发挥着中间服务功能，保证企业内不同流程顺利运营，为企业带来了价值增值与效率的提升，是生产的重要组成部分。

国内学者对生产性服务业的理论内涵研究与国外学者基本一致，只是在行业范围界定上有一定的分歧。李冠霖 (2002) 根据我国 1997 年投入产出表，将服务业中中间需求率高于 50%的部门界定为生产性服务业。高传胜和李善同 (2007) 提出了判断狭义和广义生产性服务业的两个指标，即中间需求率与非居民最终消费比例，其中中间需求率用来判定狭义生产性服务业，广义生产性服务业用非居民最终消费比例来判定。李江帆等 (2008) 从产业关联角度认为，生产性服务业与三次产业有较显著的产业关联度，被作为"资本品"投入三次产业生产过程。裴长洪等 (2008) 认为，生产性服务业提供的是市场化的中间服务 (非最终消费服务)，即作为其他产品或服务生产的中间投入的服务，并具有专业化程度高、知识密集的特点。夏杰长（2008）认为，生产性服务业是指直接或间接为生产过程提供中间服务的服务性产业，它涉及信息收集、处理、交换的相互传递、管理等活动，其服务对象主要是商务组织和管理机构，其范围主要包括仓储、物流、中介、广告和市场研究、信息咨询、法律、会展、税务、审计、房地产业、科学研究与综合技术服务、劳动力培训、工程和产品维修及售后服务等诸多方面，但最为重要的则是信息服务业、现代物流业、研发服务业、租赁服务业等。

（二）生产性服务业特征

综合国内外学者的观点，生产性服务业是直接或间接用于企业生产过程中间投入的产品或服务，主要面向企业生产而非最终消费者。它具备三方面特征：

第一，中间投入性。生产性服务业是为满足企业或公共组织中间需求，为企业生产过程提供中间投入品或服务，以生产新的产品或服务，带来更大价值增值的有效服务，而不是用于满足最终需求或用于私人消费。

第二，知识密集性。生产性服务业中包含密集的人力资本和知识资本，它本身是人力资本和知识资本的创造、集聚和传播者。随着信息通信技术的发展，生产性服务业通过提供专业化服务，将人力资本和知识资本融入企业生产过程，推动企业技术创新，在经济活动中扮演信息技术的"转换器"角色。

第三，产业关联性。生产性服务业分布于全球价值链的上游、中游及下游各个环节，不仅是价值链各个环节的主要价值增值点，而且在价值链不同环节的分离与整合过程中具有协调和系统整合的作用，是全球价值链各个链条顺利运营的"润滑剂"。生产性服务业作为中间投入，与农业、制造业、服务业有极强的技术经济联系，是构建现代农业、先进制造业，实现我国产业结构优化升级的关键。

（三）生产性服务业分类

国外学者和政府机构从不同角度并采用不同标准对生产性服务业包括的

部门进行了分类。Browing 和 Singelman（1975）最早从服务业功能视角，将生产性服务业分为金融、保险、法律、商务服务业、经纪等知识密集型专业化服务业。Matthew（1992）认为，生产性服务业包括通信，银行，证券经纪和服务，保险机构，保险代理，控股公司，商务服务，电影制作、戏剧和录像租赁，法律服务和其他专业服务。表 5-1 列出了生产性服务业所涵盖的部门及其标准产业分类代码。OECD（2000）将经济活动分为九个部门，其中服务业被分为四类，分别是生产性服务业、分销服务、个人服务与社会服务（见表 5-2）。这四类服务业又分别各包括四个子部门，其中生产性服务业由商务和专业服务业、金融、保险以及房地产业组成。这种分类基于三个标准：第一，服务功能；第二，用于企业生产还是居民消费；第三，是市场还是非市场化供应占主导。

表 5-1   生产性服务业类型

标准产业分类 （SIC）代码	生产性服务业
48	通信
60	银行
62	证券和商品经纪与服务
63	保险机构
64	保险代理
67	控股和其他投资企业
73	商务服务
78	电影制作、戏剧和录像租赁
81	法律服务
87	其他专业服务

资料来源：Matthew（1992）。

表 5-2　OECD 行业分类

OECD 行业分类	
农业	
采掘业	
制造业	
电力、煤气、自来水供应	
建筑业	
服务业	
生产性服务业	商务和专业服务业
	金融
	保险
	房地产
分销服务	批发贸易
	零售贸易
	运输
	通信
个人服务	餐饮住宿服务
	休闲文化服务
	国内服务
	其他个人服务
社会服务	政府服务
	教育服务
	健康服务
	其他社会服务

资料来源：OECD（2000）。

英国、美国等政府机构对生产性服务业的产业范围也根据一定标准作了界定。英国标准产业分类将生产性服务业分为批发、废弃物处理、货运、金融保险、广告、研发及贸易协会七大类。北美标准产业分类将生产性服务业分为信息服务业，金融和保险服务业，专业、科学和技术服务业三类，其中，信息服务业包括电信、互联网服务供应商、网络搜索门户、数据处理、广播、电影、录音、出版等；金融和保险服务业包括银行和融资、证券、商品合同、保险机构和相关活动、基金和信托等；专业、科学和技术服务包括法律、会计、建筑、工程、设计、计算机系统设计、管理、科学和技术咨询、广告等。表5-3归纳了不同学者对生产性服务业部门分类的观点。

表5-3 生产性服务业的产业范围

来源	产业范围
Browing 和 Singelman（1975）	金融、保险、法律、商务服务业、经纪等知识密集型专业化服务业
Matthew（1992）	通信，银行，证券经纪和服务，保险机构，保险代理，控股公司，商务服务，电影制作、戏剧和录像租赁，法律服务和其他专业服务
OECD（2000）	商务和专业服务业、金融、保险及房地产业
英国标准产业分类（SIC）	批发、废弃物处理、货运、金融保险、广告、研发及贸易协会七大类
北美标准产业分类（NAICS）	信息服务业，金融和保险服务业，专业、科学和技术服务业三大类。信息服务业包括电信、互联网服务供应商、网络搜索、数据处理、广播、电影、录音、出版等；金融和保险服务业包括银行和融资、证券、商品合同、保险机构和相关活动、基金和信托等；专业、科学和技术服务包括法律、会计、建筑、工程、设计、计算机系统设计、管理、科学和技术咨询、广告等

资料来源：作者整理。

我国学者对生产性服务业分类的研究，有代表性的是芮明杰等（2010），他们从理论和统计视角分别对生产性服务业进行了分类。从理论视角看，基于生产性服务业是否嵌入制造业价值链和所含技术密集度两个维度，生产性服务业可分为四类：高技术嵌入式（Ⅰ类）、低技术嵌入式（Ⅱ类）、低技术非嵌入式（Ⅲ类）、高技术非嵌入式（Ⅳ类）（见图5-1）。统计视角主要是结合政府产业政策发展规划和统计原则进行的分类。2003 年，国家统计局根据《国民经济行业分类》（GB/T 4754—2002）发布的《三次产业划分规定》将生产性服务业分为五大类：①交通运输、仓储和邮政业；②房地产、租赁和商务服务业，其中商务服务业包括法律、咨询与调查、企业管理等；③金融服务业，包括货币金融服务、资本市场服务、保险和其他金融业等；④信息传输、软件与信息技术服务业，其中信息传输业包括电信、广播电视和卫星传输服务、互联网和相关服务，软件与信息技术服务业包括信息系统服务、数据处理等；⑤科学研究和技术服务业，包括研究和试验发展、专业技术服务业、科技推广和应用服务业。2006 年，《国民经济和社会发展"十一五"规划纲要》将生产性服务业分为交通运输业、现代物流业、金融服务业、信息服务业和商务服务业五大类，与《三次产业划分规定》所不同的是房地产业被列入了消费性服务业。一个分歧点是科技服务业是否属于生产性服务业。《2010 年政府工作报告》中，温家宝总理提出"大力发展金融、物流、信息、研发、工业设计、商务、节能环保服务等面向生产的服务业，促进服务业与现代制造业的有机融合。大力发展市政公用事业、房地产和物业服务。社区服务等面向民生的服务业，加快发展旅游业，积极拓展新型服务领域"，可以看出其将房地产业归为消费性服务业，技术服务业归为生产性服务业。2011 年，《国民经济和社会发展"十二五"规划纲要》提出了有序拓展金融服务业、大力发展现代物流业、培育壮大高技术服务业、规范提升商务服务业的指导思想，对生产性服务业重点行业发展范围进行了界定，将高技术服务业归类为生产性服务业。

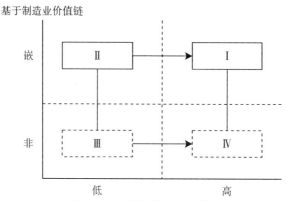

图 5-1　生产性服务业理论分类

资料来源：芮明杰等（2012）。

　　综观国内外对生产性服务业的分类研究，目前尚未形成统一标准。我国主要以《三次产业划分规定》与《国民经济和社会发展"十一五"规划纲要》

对生产性服务业行业范围的划分为标准。随着我国生产性服务业发展水平的逐步提高，行业范围将不断与国际标准接轨。

二、生产性服务业增长的原因

（一）生产性服务业增长事实

服务业的研究起步远远晚于制造业，这要追溯到亚当·斯密的观点，他从价值创造视角认为服务业是不创造价值收益的。这种观点是将价值创造的有形性及持久性作为收益增加的标准。之后的学者们意识到了亚当·斯密观点的局限性，并将服务业作为特殊的类别引进经济活动中进行研究。但是，服务业对价值创造的作用仍未受到重视，直到 1930 年，费雪－克拉克提出了经济增长三阶段模型，并将服务业定义为经济的第三部门，其认为随着一国经济发展，就业和投资将逐渐从农业向制造业进一步向服务业过渡。

20 世纪 60 年代末到 70 年代初，学者们对服务业展开了广泛的研究（Metcalfe & Miles，2000；Moulaert & Daniels，1991）。这个时期，西方国家服务业在工业结构中所占份额迅速增长，制造业占比相对下降。学者们使用术语"去工业化"，"第三产业化"及"服务经济"描述这种发展现象（Greenfield，1966；Marshall et al.，1988）。基于费雪—克拉克经济增长三阶段模型，后工业社会出现了许多不同理论，其中最有影响力的是丹尼尔·贝尔1974 年在其著作《后工业社会的来临》中提出的理论。他指出，由于服务业对知识和信息的高利用率，所以它不是低生产率部门，相反是经济增长的引擎（Bell，1974）。同时，学者们开始研究服务业内部结构的多样性并发现了生产性服务业，相对传统消费性服务业，生产性服务业增长更快。Francois 和 Reinert（1996）发现，国家间的不同收入水平与生产性服务业的中间需求密切相关。其他学者也认为，服务业增长主要是由于工业经济对服务中间品的需求增长。在经济专业化进程中，新技术的引入导致了对生产性服务业的大量需求，这解释了工业革命后，服务部门和制造业部门同时扩张的原因，工业化推进了生产性服务业的增长（Rowthorn & Ramaswamy，1999；

Klodt，2000）。

从美国情况看，在最终支出中，服务份额随着收入水平增加显著上升。从就业方面来说，最显著的变化体现在生产性服务业中。1947年，生产性服务业部门占美国就业人数的6%，到1977年，占就业人数上升到12%且占国民生产约20%。到1985年，生产性服务业占就业人数进一步上升到14.8%，而相比之下，消费性服务业占比从1929年的10.77%下降1985年4.24%（见表5-4），表明生产性服务业对美国就业增长发挥重要作用。

表5-4　美国20世纪20~90年代三大产业就业比重

单位：%

	工业	1929	1939	1947	1959	1969	1977	1985
服务业	总额	55.13	59.94	56.61	61.66	64.91	68.40	70.48
	生产性服务业	5.85	5.83	6.06	8.23	10.03	11.96	14.80
	分销	15.66	12.90	13.54	12.15	10.97	11.36	11.93
	零售	11.93	12.22	12.57	12.70	13.00	14.18	14.28
	政府	9.07	17.19	14.16	18.58	20.48	19.57	18.33
	消费性服务业	10.77	9.61	7.67	6.47	5.75	4.99	4.24
	非利润	1.85	2.19	2.61	3.52	4.57	6.34	6.94
农业		8.35	6.59	4.31	3.18	1.74	1.90	1.63
制造业		29.51	27.75	32.27	28.91	27.66	24.10	21.83
其他		36.52	33.46	39.08	35.16	33.35	29.70	27.89

资料来源：Stanback等（1977），当代商业调查（美国商务部）及就业与收益调查（美国劳动力部门）。

Bhagwati（1984b）认为，生产性服务业增长，部分是因为制造企业外部化其从前在企业内部进行的服务活动。而分离从前在制造业企业内部进行的活动只能解释生产性服务业增长的一部分，并不能完全解释生产者服务业的增长。事实上，生产性服务业也代表那些还在制造企业内进行，且占据越来越重要份额的活动。Vandermerwe（1990）首次提出制造业服务化，指在制造业生产过程中服务份额占比的增加，包括产品设计、研发、生产、销售及售后等各个阶段。消费者需求多样化和激烈的竞争推进了制造业服务化进程，生产性服务业成为企业攀升价值链，实现其产品价值增值的关键。

基于格林菲尔德的观察，生产性服务活动通常涉及间接劳动力，表5-5给出了八个工业化国家中，非生产工人占制造业总就业人数的比重。这些非生产工人被解释为从事生产性服务活动的员工。由此可以看出，1949年，美国非生产工人占制造业就业人数的18.4%。这一数字在1984年上升至31.4%，尽管1964年之前其他国家的数据缺失，但自1964年之后，其他国家整体上就业格局都呈现出类似的变化，非生产工人占制造业就业比重都在上升。这表明，除外部化外，生产性服务业在制造业企业内生产中也占据重要份额。

表5-5　美国等八国非生产工人占制造业总就业人数的比重

单位：%

国家	1949年	1959年	1964年	1969年	1974年	1979年	1984年
美国	18.4	24.2	26.0	26.8	27.1	28.4	31.4
加拿大	—	—	—	—	29.4	29.3	32.6
日本	—	—	26.0	27.7	32.3	33.7	34.6
西班牙	—	—	—	—	20.3	—	—
英国	—	—	22.8	26.0	26.7	28.6	28.8
挪威	—	—	19.6	21.0	—	31.1	34.3
芬兰	—	—	17.1	20.5	22.6	24.5	26.4
丹麦	—	—	22.5	24.5	26.2	27.2	29.7

资料来源：美国数据来自就业与收益调查，其他国家数据来自OECD（1964~1984年）劳动力数据统计。

自1980年起，西方发达国家逐步从工业社会步入到后工业社会，产业结构由"工业经济"过渡到"服务经济"。服务业的发展成为经济增长的主要驱动力及城市现代化的主要特征，服务在价值增值、就业及国际贸易中占据的份额逐渐增加，其中主要由生产性服务驱动。例如，美国服务业增长主要来自于信息服务、科学技术服务、金融服务、房地产服务、零售等，这些都属于生产性服务。根据世界银行数据（2012），2010 年全球服务增值份额占 GDP 之比达 70%，从 1970 年的 53% 及 1990 年的 57% 到 2000 年的 68% 稳步上升。之前在国际贸易体系中跨境服务贸易仅占世界贸易总额的 1/5（WTO 国际贸易数据，2012）。最近 OECD/WTO 以全球价值链下价值增值的形式测量贸易，结果大不相同。如图 5-2 所示，2008 年，全球出口贸易中服务业占全球生产总值份额的 23%，但按价值增值计算，所占份额达 45%，如图 5-3 所示。

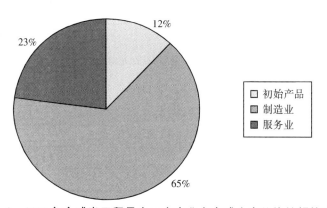

图 5-2　2008 年全球出口贸易中三大产业占全球生产总值份额的比重

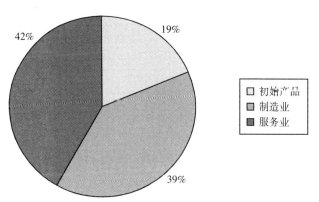

图 5-3　2008 年全球出口贸易中三大产业占全球生产总值增值份额比重

资料来源：基于 OECD-WTO 数据 WTO 秘书处估计。

（二）生产性服务业演进过程

生产性服务业伴随着工业经济发展过程演进，是专业分工深化与市场经济不断推进的结果。生产性服务业演进过程经历了三个阶段：嵌入在企业内部、外部化为独立形态及逐渐发展成为主导部门的生产性服务业。

第一个阶段是在工业化早期，生产性服务嵌入在企业内部，辅助制造业产品的生产。这个阶段的制造业企业采用"大而全""小而全"的管理方式，辅助生产过程的服务基本由企业内部提供，如负责产品存放的仓储业、协助原料采购及商品销售的运输业、促进企业融资的金融业等，这些形成了生产性服务业的早期形态。

第二个阶段是在工业化中期，生产力发展和技术进步推进下的分工细化及多样化消费者需求要求企业采用更灵活的专业化生产模式，西方工业社会经历了福特主义大规模生产向柔性专业化生产的转变。柔性专业化生产的特点是生产活动的垂直分离，企业集中资源培育其核心竞争力，而将之前内部提供的活动转向从外部购买。企业可以从外购买到更专业服务或在某个领域发展更专业化能力如信息加工、设计、研发等。专业化生产组织方式促成了研发、工程、管理、咨询、会计和法律等独立生产性服务部门的兴起。这个阶段，生产性服务业独立形态的产生与发展是企业生产过程中产品概念提出、研发、设计、物质生产、组织、控制、营销及售后等各个价值链功能环节间分离的结果。分工细化与专业化程度的加深推进了生产性服务业外部化。企业柔性专业化生产、产品差异化需求、价值链分解与各环节协调和整合的需要促成了生产性服务部门的多样化及快速增长。

第三个阶段是在后工业化时期，信息技术的发展促使工业经济向知识经济转变，不同于工业经济时代的物质投入，知识经济时代以人力资本和知识资本投入为主。生产性服务业本身包含密集的人力资本与知识资本，其通过提供专业化服务，将人力资本和知识资本融入企业生产过程，在经济活动中扮演信息技术的"转换器"角色，为企业知识创新学习提供平台，加速整个经济的知识强化进程。生产性服务对生产率的提升源自其在企业创新活动中的作用，包括知识、技能创新的产生和扩散两方面，这在知识密集型生产性服务业中表现得尤其明显。遵照 NACE（欧共体经济活动分类），知识密集型生产性服务包括计算机、信息及相关服务，研发服务和其他商务服务业，其中，计算机、信息服务业又包括许多子行业，如硬件咨询、软件咨询、数据处理等。表 5-6 列出了知识密集型生产性服务业包含的部门及子部门。Miles 等（1995）区分了传统专业生产性服务（P-KIBS）与新技术知识密集型生产性服务（T-KIBS）间的不同。传统专业生产性服务业是技术的使用者，高度依赖技术，包括商务与管理服务业、法律、会计、市场营销等；知识密集型生产性服务业本身是知识的创造主体，包括研发、咨询及与 IT 相关的服务等。Bettencourt 等（2002）认为，知识密集型生产性服务是企业生产活动的主要价值增值部分，作用体现在人力资本和培训；先进技术的创造、积累与传播；根据客户需求定制和服务产品，与客户的密切合作等方面。在全球价值链生产体系内，生产性服务业被认为是整条价值链的"控制方"，占据着企业研发、设计、营销等关键增值环节，且对价值链整个生产流程起协调、链接功能，提升了价值链管理效率，逐渐成为知识经济时代的主导部门。

表 5-6　知识密集型生产性服务业部门与子部门

欧共体经济活动分类（NACE）	部门
72	计算机、信息及相关服务
721	硬件咨询
722	软件咨询和供应
723	数据处理
724	数据库活动
725	会计、办公、计算机等维修
73	研发
7310	自然科学和工程的研发、试验
7320	社会与人文科学的研发、试验

续表

欧共体经济活动分类（NACE）	部门
74	其他商务服务业
741	法律；会计、簿记和审计活动；税务；市场调研和民意调查；商业和管理咨询；证券
7411	法律
7412	会计、簿记和审计活动；税务
7413	市场调研和民意调查
7414	商业和管理咨询
742	建筑和工程活动及相关技术咨询
743	技术测试和分析
744	广告
7484	其他商务服务业

资料来源：Muller 和 Doloreux（2007）。

（三）生产性服务业增长的原因

1. 分工理论、规模经济与生产性服务业

Greenfild（1966）认为，生产性服务业的增长与现代经济学中强调的专业化生产有关。根据亚当·斯密的分工理论，市场规模的扩大促进了企业专业化分工。分工的不断细化增加了产品生产过程的迂回程度，A. Young（1987）将企业在生产过程中所投入的中间品的种类和数量作为产业链的迂回生产长度，即生产迂回度（Roundabout Product）。在分工推进下，随着企业生产过程迂回生产度的加深，企业对中间品的高需求促进了生产性服务业的增长。Jefferson（1988）认为，劳动生产率提高和产出增长之间的相关性在很大程度上归因于内部规模经济和专业化规模收益递增，其中，生产性服务业在企业实现专业化规模收益递增过程中具有关键作用。生产性服务业为企业生产过程注入更高质量的中间投入品和更高知识密集的人力资本，通过规模经济效应及知识溢出效应，降低了企业生产成本，提高了企业生产效率。

生产性服务业发展与分工形成了一个良性互动的过程。分工细化使得专业化企业间通过市场交易实现互通有无，但随着产业链迁回生产程度的加深，交易频率的增加会带来一定的交易成本和交易风险。这需要更加专业化的中间机构来协调生产，提高交易效率，于是推进了更多种类的生产性服务部门从制造业中分离出来，发展成为新的独立的生产性服务业，结果进一步深化了分工。所以，技术进步和市场规模的扩大促进了分工深化，而专业化分工下规模收益递增的实现有赖于制造成本和交易成本的降低，生产性服务业在其中具有关键作用，这驱动了生产性服务业的增长。

2. 价值链理论、外包与生产性服务业

根据波特的价值链理论，企业生产过程由生产、营销、物流和售后服务等基本活动及辅助基本活动的研发、原料供应、人力资源、财务等支持性活动构成。基本活动和辅助活动的每个环节在企业价值创造过程中相互联系，形成了企业完整的价值链。各价值链条相互联系、相互影响，上游链条某环节的产出通常是下游环节的投入，且每个环节不仅伴随着有形的物质材料流动，更重要暗含着服务、技术与知识等无形要素的流动。但全球价值链每个环节创造的价值并不相等，各个价值环节的增值能力通过投入的知识、技术含量多少来衡量。由于无形活动中包含的隐性知识，对其他竞争对手形成了很高的进入壁垒，所以价值链高附加值集中在无形活动中。这些知识、技术密集的无形活动正属于生产性服务业。价值链各个环节都包含着生产性服务业，如上游链条的研发、设计等；中游生产链条的物流、质量控制等；下游营销链条的广告、品牌管理等，但上游和下游链条包含的知识、技术密集中间投入较多，所以，全球价值链呈坝出两端附加值高、中间附加值低的"微笑曲线"特征。

生产性服务外包需求的增长基于四方面原因：

第一，节约成本。企业外包生产性服务业不仅可以获得专业化独立企业规模经济带来的收益，而且能够回避风险和节约固定成本。风险回避与购买的服务和经济形势有关。当企业对某种服务的需求是间断性或不定的，如果在企业内生产，会导致资源不能充分利用。例如，小企业的法律、业务咨询、税收、会计等。除节约固定成本外，另一个要考虑的因素是交易成本，当市场交易成本小于企业内部生产成本时，企业才会选择从外部购买专业生产性服务。另外，商业周期影响外包动态，但影响的方向还未达成共识。柔性生产理论认为，在经济低迷期，企业会简化其行政，倾向外包生产性服务功能。同时，外包在经济衰退期可能会降低，企业会动用其核心员工经营之前外包的工作。

第二，获取专业知识或服务。从效率或品质层面上看，企业内知识的局限，尤其是技术复杂性的增加和生产服务功能的专业化使得企业内部能力不足以满足特定服务的需求，从而驱动企业从外购买专业化服务。

第三，企业特征。企业规模是影响外部服务使用差异的另一因素。当企业进入到成熟的发展阶段，服务会由企业内部提供，这在大企业中尤其明显，其有充足资源为生产性服务功能建立专门的部门。除了企业规模因素外，企业出口、企业扩大及企业市场和技术的变化等情况下，会比其他企业购买更多的服务。

第四，所提供的生产性服务类型。外包需求也会根据服务的类型变化，如法律通常比会计的外包需求高。在一些情况下，商业条例规定某些生产性服务由独立企业提供，财务审计和质量检测就属于这类服务。

外包使得企业集中资源于自己擅长的领域，而将不擅长的活动交给外部企业来做，实质是最大化整合利用内外部资源的策略，这不仅提高了企业生产效率、强化了企业核心竞争力，而且优化了产业结构，推动了一批新兴的专业化生产性服务企业的发展，原来由企业内部提供的职能部门逐步发展为独立的产业，如信息技术研发服务、融资租赁服务、人力资源管理服务、市场营销服务。服务外包成为促进生产性服务业增长的主要动力。

3. 工业化、需求驱动与生产性服务业

西方学者费雪、克拉克、丹尼尔·贝尔及钱纳里等研究发现了三次产业在工业发展过程中的规律，即随着一国经济发展，就业和投资将逐渐从农业向制造业进一步向服务业过渡，服务业在工业结构中所占份额不断增长，其中服务业增长主要来自工业经济对服务中间品的需求增长。在经济专业化进程中，新技术的引入导致了对大量生产性服务业的需求，这解释了工业革命后服务部门和制造业部门同时扩张的原因，工业化推进了生产者服务业增长。

生产性服务业增长随工业化发展过程演进经历了三个阶段：在工业化早期，生产性服务嵌入在企业内部，辅助制造业产品的生产，如负责产品存放的仓储业，协助原料采购及商品销售的运输业，促进企业融资的金融业等；工业化中期，生产力发展和技术进步推进下的分工细化及多样化消费者需求要求企业采用更灵活的专业化生产模式，西方工业社会经历了福特主义大规模生产向柔性专业化生产的转变。这个时期，企业柔性专业化生产、产品差异化需求、企业复杂结构管理需求及商业环境的变化等因素促成了多样化生产性服务部门的产生与独立化发展。

柔性专业化生产的特点是生产活动的垂直分离，企业生产过程从产品概念提出、研发、设计到物质生产、组织、控制、营销及售后等各个价值链功能环节的分离，推进了研发、工程、管理、咨询、会计和法律等独立生产性服务部门的兴起。分工细化与专业化程度的加深使得企业集中资源培育其核心竞争力，而将之前内部提供的活动转向从外部购买，为外部化独立发展的生产性服务业创造了更大的市场需求。

产品差异化体现了市场需求多样化和顾客需求个性化，这增加了上游和下游的生产性服务，如在生产前，向市场调研顾客群需要的产品，在创新研发活动中增加中间投入品；在生产后，向市场引进产品需要的更多专业服务，这其中生产商品和服务的研发、设计、广告、营销和售后等相关生产性服务变得越来越重要。

企业从单一的产品、单一的组织向多元产品、多区位结构转换。企业复杂的组织结构增加了企业内部行政管理流程，需要各个层面的战略性计划、组织、协调和控制，管理、技术、专业人员和其他服务功能的重要性不断提升。传统人事监管向精细的科学管理和服务转变，科学生产组织方法的发展及商业管理体系的兴起促使研发、工程、管理、组织咨询、会计和法律等生产性服务的增长。一些研究者指出，许多生产性服务事实上是总部企业功能的专业化延伸。生产性服务业不只对企业内活动的协调和控制发挥作用，而且协调企业间合作。全球价值链分工体系下，企业效率取决于不同活动间的高效联系，生产性服务在整合经济体系的不同部门间具有关键作用。

涉及商业环境的变化，生产性服务有助于促进对整体经济变化的适应。这些服务影响现代生产体系，帮助企业采用变化所需的新技术并减少结构上、组织上、行政上和知识、技术上相关的障碍。市场国际化和竞争加剧是变化的本质特征；全球经济的复杂性增加了对知识和技术调整的需求。政府对商业活动各个方面的管理，会设定许多准则，企业必须遵照这些准则。公共规则增加了对生产性服务的需求，如会计和法律服务。

第三个阶段即后工业化时期，信息技术的发展促使工业经济向知识经济转变，不同于工业经济时代的物质投入，知识经济以人力资本和知识资本投入为主。生产性服务业本身包含密集的人力资本与知识资本，其通过提供专业化服务，将人力资本和知识资本融入企业生产过程，在经济活动中扮演信息技术的"转换器"角色，为企业知识创新学习提供平台，加速整个经济的知识强化进程。

生产性服务业与工业化发展互相推进，相辅相成。工业化程度的不断提升增加了对生产性服务业的需求，而生产性服务业通过与制造业、农业的协同发展，优化了产业结构，进一步促进了工业化水平的提升。

4. 产业结构软化、知识资本投入与生产性服务业

20 世纪 80 年代，随着发达国家由工业社会向后工业社会过渡，产业结构呈现出软化趋势，即服务业在产业结构总额中占比不断上升，服务业的发展成为经济增长的主要驱动力及城市现代化的主要象征；同时，产业结构软化特征也体现在各产业中间投入中服务份额占比的增加。Vandermerwe 和 Rada（1989）首次提出"制造业服务化"，指制造业中服务份额占比的提升，包括生产和销售等各个阶段，他认为为产品增加服务是价值增值的过程。这

个过程是在消费者需求多样化和激烈的市场竞争促使下产生的。制造业服务化将企业转化为了更服务化的实体，为企业提供了攀升价值链的机会，信息、技术、服务等软要素成为企业转型、产业结构优化升级的关键。

以产业结构软化为特征的工业生产过程中，物质投入和体力劳动消耗降低，人力资本和知识资本投入增多，工业经济向知识经济转变。生产性服务对生产率的提升源自其在企业创新活动中的作用，包括知识、技能创新的产生和扩散两方面，这在知识密集型生产性服务业中表现得尤其明显。知识密集型生产性服务业本身是知识的创造主体，包括研发、咨询及与 IT 相关的服务等。Bettencourt 等（2005）认为，知识密集型生产性服务是企业生产活动的主要价值增值部分，作用体现在人力资本和培训；先进技术的创造、积累与传播；根据客户需求定制服务和产品，与客户的密切合作等方面。

三、生产性服务贸易

最早提出生产性服务贸易概念的学者是 James R. Markusen（1989），他使用垄断竞争模型分析，提出由于国内和国外中间品间的互补性及专业分工下的规模收益递增效应，最终品贸易是专业化中间品贸易的次优替代。所以，生产性服务贸易指专业化分工下具有规模报酬递增效应的中间投入品贸易。随着服务贸易的加速发展，有关生产性服务贸易的理论模型及服务贸易自由化后，生产性服务贸易对经济的影响等方面的研究增多（Melvin，1989；Francois，1990a，b；Jones and Ruane，1990；Marrewijk et al.，1997；Deardorff，2001）。Melvin（1989）在赫克歇尔—俄林模型中加入了生产性服务中间投入并检验传统贸易结果，得出生产性服务贸易如商品贸易一样可以获得一般均衡结果。Francois（1990a）分析了生产性服务贸易、市场规模扩张整合与劳动分工三者间的关系，他通过模型得出"二战"后贸易自由化背景下，贸易限制的取消及市场整合使得企业规模变大。企业生产过程可否有效解体成专业化的不同阶段取决于市场规模和生产性服务业的供给。生产性服务业的成本和可获得性是专业化规模收益递增实现的关键影响因素。通过直接贸易或通过跨国公司获得生产性服务业可以帮助发展中国家参与全球专业化分工。无论在企业内还是参与国际分工的不同生产阶段，生产性服务贸易会促进专业化水平提高，实现规模报酬递增。由于生产性服务贸易可用性数据的缺乏，生产性服务贸易的实证研究仍相当有限，Chang 等（1999）整体估计了世界生产性服务贸易并根据不同服务部门研究各国的专业化水平。其他的研究，如 Midelfart-Knarvik 等（2000）使用生产和就业数据对专业化格局进行推理，从而绕过贸易数据的局限性。国外学者对生产性服务贸易的研究主要是基于其在国际专业化分工中的两个作用：一是生产性服务作为高效中间投入带来的规模收益递增效应，二是生产性服务在国际分散工序分工中的连接和协调作用。

国内学者对生产性服务业的研究较多，但将生产性服务业与贸易结合的研究较少。段丽娜（2012）运用向量自回归模型研究中国生产性服务贸易与产业结构的耦合。王影（2013）研究中国生产性服务贸易国际竞争力。郑春霞、陈漓高（2007）运用 JK 模型分析了生产性服务贸易增长机制。樊秀峰、韩亚峰（2012）基于价值链视角分析了生产性服务贸易对提升制造业效率的作用。国内研究总体得出，我国生产性服务贸易发展，无论从规模还是结构上，都发展相对滞后，与制造业的产业关联度较弱，从而制约了其有效发挥提升制造业生产效率的作用。

综上国内外学者的研究，生产性服务贸易指生产性服务作为一种中间投入跨越国家边界的进出口贸易活动。从价值链视角看，生产性服务贸易贯穿于全球价值链的各个环节，如上游链条的研发、设计等；中游生产链条的物流、质量控制等；下游营销链条的广告、品牌管理等都属于生产性服务贸易包含的服务内容。生产性服务贸易对产业升级的促进作用表现在其为全球价值链各环节带来的价值增值以及连接和协调价值链各环节的有效分离与整合。

四、生产性服务业国际转移

(一) 生产性服务业国际转移形式

20世纪90年代以来，在第三次科技革命的推动下，国际服务业尤其是生产性服务业成为新一轮全球产业转移的新趋势。生产性服务业国际转移指发达国家跨国公司将网络管理、IT咨询、软件研发、金融、物流、会计、人力资源和商业分析等服务业务通过海外直接投资或离岸外包方式转移到成本较低的发展中国家。起初，转移的服务业务主要是劳动和资本密集型服务，随着跨国公司全球化研发需要相关的生产性服务与技术创新投资配套发展，一些高附加值的知识密集型服务产业，如信息生物技术、集成电路设计、新材料研发、市场情报、商业分析等也加快了向发展中国家转移的步伐。

生产性服务国际转移包括服务项目外包、业务离岸与海外直接投资三种形式。①服务项目外包指企业将非核心服务项目外包给独立的供应商而非其子公司。②业务离岸指企业将服务业务及其部门转移到成本较低的发展中国家，承接其业务的可以是隶属于母公司的子公司，也可以是独立的第三方服务接包商。③生产性服务业海外直接投资指为跨国公司提供相关生产性服务与技术创新等配套业务的现代服务企业与跨国公司建立合作关系，以新建工厂独资或并购合资经营等形式进行服务业国际转移。

跨国公司在进行生产性服务业国际转移的过程中，服务项目外包、业务离岸与海外直接投资三种形式通常会发生交叉。图5-4显示了三种转移形式的不同及其交叉的过程。外包主要区分跨国公司是将服务业务交给其子公司做还是交给外部独立的供应商承接。离岸主要区分跨国公司外包的服务是否跨越了国家边境。箭头1指跨国公司将服务外包给国内供应商。箭头2指跨国公司将服务外包给外国供应商。箭头3显示了跨国公司将服务外包给外国供应商的离岸外包轨迹。箭头4显示了跨国公司将服务交给国外子公司来自营。箭头5显示了跨国公司由境外自营转向由国外第三方服务供应商承接的过程。外包形式的选择受到许多因素影响，包括服务特征、投资规模、企业当地基础设施及其内部知识水平等。当今，跨国公司主要从事日常活动的海外自营中心在减少。跨国公司的外国子公司将这些业务外包给专业的第三方供应商，而跨国公司集中其核心业务的发展。所以，箭头5离岸外包模式，实际是跨国公司进行生产性服务业国际转移的主要形式，转移目的是将非核心业务外包给海外专业供应商，从供应商国家的低成本及专业化业务中获益，如典型的印度软件外包产业的发展使其成为了"世界办公室"。

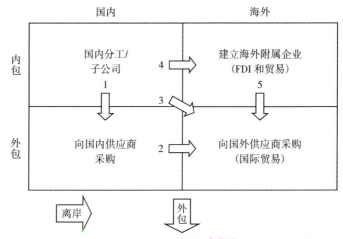

图5-4　FDI、离岸与外包三种转移形式的不同及交叉的过程

资料来源：M. Sako，"Outsourcing and Offshoring：Key Trends and Issues"，paper presented at the Emerging Markets Forum，Oxford，United Kingdom，2005 ［online］http：//www.sbs.ox.ac.uk/NR/rdonlyres/99F135D4-E982-4580-9BF0-8515C7B1D40B/1752/EMFOutsourcingNov05.pdf

（二）离岸服务外包价值链

离岸服务外包实际上是由一国生产但在另一国消费的一种服务贸易形式。服务业在生产和消费上的可分离使得新兴经济体在世界服务贸易发展中发挥的作用不断增强。离岸服务外包可以分为两类：水平离岸服务外包和垂直离岸服务外包。图5-5显示了离岸服务外包价值链。水平离岸服务外包指可以为所有部门提供的服务，垂直离岸服务外包指为特定部门提供的服务。水平离岸服务外包分为三个阶段：信息技术外包、业务流程外包和知识流程外包。

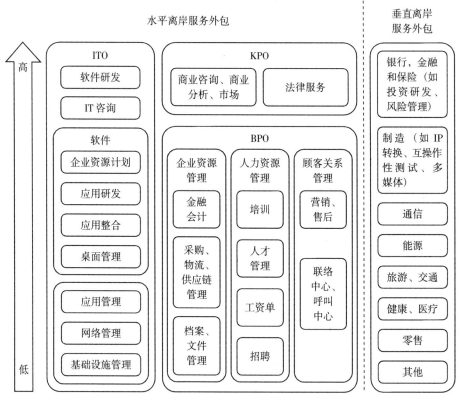

图 5-5 离岸服务外包价值链

资料来源：CGGC，Duke University.

信息技术外包（ITO）兴起于 20 世纪 80 年代，贯穿于离岸服务外包价值链的各个阶段，指企业以合同的方式将与信息相关的非核心业务交给专业的信息服务供应商，这些业务包括信息管理、应用研发、IT 咨询、软件研发及网络平台维护等。

业务流程外包（BPO）发展于 20 世纪 90 年代，主要位于离岸服务外包价值链的中低段，指企业将整个或部分业务的流程设计、业务管理、业务运营等服务交给第三方专业服务供应商，涉及的业务范围涵盖企业资源管理、人力资源管理和顾客关系维护等，其中企业资源管理包括金融、会计、采购、物流、供应链管理、资产管理等服务；人力资源管理包括培训、人才管理、账单支付和员工招聘等服务；顾客关系维护包括营销策划、呼叫中心等服务。

知识流程外包（KPO）主要包括高附加值的服务如商业分析、商业咨询、市场情报和法律服务等。过去，知识流程服务被认为是企业的核心能力，主要在企业内运营或接近企业的核心运营总部。21世纪后，随着企业向离岸服务外包价值链高端拓展业务，知识流程服务外包迅速发展。2006年，这些活动价值达12亿美元，到2010年增长到29亿美元，到2015年增长到79亿美元。单单印度，这些活动分布的100多个公司为7000人带来了就业（NASSCOM，2012b）。

垂直离岸服务外包需要特定的工业知识。这些服务专业化应用于某些部门，而对其他部门的应用限制很大，例如银行业的支票处理、医药业的临床试验等。

（三）离岸服务外包参与主体

离岸服务外包由四类核心参与者组成：发达国家服务提供方，如IBM和惠普公司；印度服务提供方，如印孚瑟斯，印度第一家在美国上市的信息技术和商务咨询服务公司；跨国公司自营中心，通用电气是第一家将服务离岸外包的公司，发展中国家为当地服务提供方。图5-6显示了离岸服务外包的工业组织演进过程。

1990年，发达国家跨国公司利用印度和其他发展中国家的低成本区位优势，在印度和其他发展中国家建立了自有设备中心。经过了20年，自有设备中心逐渐被外包取代，尤其是印度企业发展很快且市场份额不断扩张。表5-7列出了发达国家领先的专业服务供应商，大部分总部在美国。表5-8列出了印度领先的服务提供公司。这些公司利用劳动成本套利机会和优秀人才的供应在发展中国家建立了良好的运作，并将这些国家作为服务出口的良好平台。

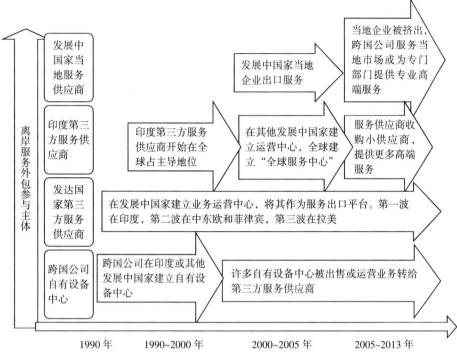

图 5-6 离岸服务外包工业组织演进过程

资料来源：Gereffi 和 Fernandez-Stark（2010a）。

表 5-7 发达国家领先服务供应商

公司	总部区位
IBM	美国
埃森哲咨询公司（Accenture）	美国
惠普（Hewlett-Packard）	美国
凯捷咨询公司（CapGemini）	法国
收购软件服务提供商（ACS）	美国
互联企信（Teleperformance）	法国
康沃吉斯（Convergys）	美国
赛特（Sitel）	美国
阿姆多克斯（Amdocs）	美国
Teletech	美国

资料来源：Gereffi 和 Fernandez-Stark（2010a）。

表 5-8　印度领先服务供应商

公司
塔塔咨询服务（Tata Consulting Services，TCS）
维布络信息技术有限公司（Wipro）
印孚瑟斯信息技术和商务咨询公司（Infosys）
简柏特（Genpact）
马恒达萨蒂扬公司（Mahindra Satyam）
HCL 科技公司

资料来源：Gereffi 和 Fernandez-Stark（2010a）。

（四）离岸服务外包供需的全球分布

大体上，发达国家倾向于将服务业离岸外包到全球成本低、劳动力教育程度高的国家。印度是第一个发展成功的离岸服务供应商，到 2012 年创造了 280 万个工作（NASSCOM，2012a）。其他发展成熟的离岸服务供应国家包括菲律宾、中国、巴西和波兰。包含 15~50 个离岸服务中心的新区位主要集中在中东欧和拉美国家。近年来，非洲国家由于其低劳动成本与英语优势，离岸服务外包业务增长较快。传统上，美国、加拿大、西欧和澳大利亚是离岸服务的最大购买者。金融危机后，新兴经济体对离岸外包服务的需求逐渐增多，促进了南南服务贸易的发展。

（五）离岸服务外包增长的"JK"模型

Jones 和 Kierzkowski（2005）根据亚当·斯密分工理论，认为当生产规模扩大，劳动分工使每个工人可以专业化于特定阶段的任务。市场规模决定分工的深度，在生产的低水平阶段，市场规模较小，生产过程被整合在一个区域内进行，当生产规模扩大，生产过程可以垂直的分成两个或更多的生产模块，每个模块被分离在不同的区位生产。不同生产阶段需要不同比例的中间品投入，不同地区要素供给和要素价格的相对差异是生产过程分离的动因，即劳动密集型阶段将定位在劳动力丰富的地区，资本密集型阶段将定位在资本丰富的地区，这符合赫克歇尔—俄林的资源禀赋理论。然而，生产过程分离会产生交易成本，将不同的生产阶段连接并进行协调的是交通、通信、保险等生产性服务业。

JK 模型假设：第一，由生产性服务业联系起来的专业分工活动显示出很强的规模收益递增效应；第二，连接各分离生产段的服务总成本固定，即服务总成本不会随产出数量增加而增加，如对于一千单位和一万单位产出来说，连接两个分离生产段的运输成本和通信成本没什么差异；第三，不同国家或地区要素禀赋、要素价格、中间品投入需求及技术水平存在很大差异。

图 5-7 描绘了生产过程分离导致的规模收益递增。线 1 表示整个生产过程在一个地方完成，线 2 将生产过程分成两个生产段，根据每一个生产段要素的密集使用度将其放在要素价格相对低的区位，带来了生产边际成本的下降（线 2 斜率）。但是，这些分离的生产段必须通过服务来连接和协调，OA 指服务协调产生的交易成本。类似地，线 3 和线 4 趋近平缓，表明边际成本随着分离程度的加深进一步降低，生产过程被分成更多不同区段根据比较优势布置到最适合的区位，但需要更多的服务来连接。线 4 的总成本 OC 表明分离的生产段被外包到不同的国家，相应的边际成本下降，但服务连接成本上升。图 5-7 加黑部分是每一段产量下对应的最小成本轨迹。当专业分工

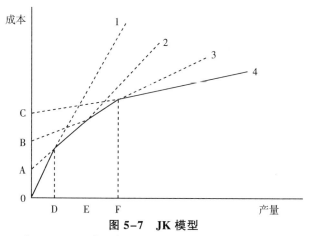

图 5-7　JK 模型

资料来源：Jones 和 Kierzkowski（2005）。

下，规模报酬递增带来的边际成本下降足可以抵消服务连接成本时，分工进一步深化，服务离岸外包增长。近年来，通信技术的改进、服务管制的放松及服务贸易国际壁垒的下降等因素减少了服务连接成本，这些变化反映到图5-7，线2、线3、线4的截距即OA、OB、OC减少，进一步推进了离岸服务外包的发展。

（六）离岸服务外包价值链的升级

在制造业价值链文献中，通过检验每个阶段的输入品向输出品的转化衡量价值。但服务业的输入品是无形的，包括顾客服务、分析及技能等要素。这为准确的衡量"增值"增加了难度。工业分析认为，企业参与全球价值链不同阶段取决于两个因素：劳动成本和专业化。离岸服务外包价值链根据每个阶段所包含的人力资本衡量价值，即员工教育程度及每个阶段不同服务功能所要求的经验水平。价值链低端的员工教育程度和经验水平较低，而从事价值链顶端业务的员工教育程度高且有多年的工作经验。通过显示离岸服务价值链不同阶段所要求的人力资本，这种分类有助于决策者去决定重点发展哪部分行业。

升级指企业、国家、地区和其他经济利益相关体为保持或提升全球经济中的位置所采用的战略。经济升级指经济主体在参与全球生产过程中向全球价值链更高附加值阶段攀升以获得更多收益，包括利润、增值和能力。离岸服务价值链升级包括五种不同的升级轨迹（Fernandez-Stark et al.，2010）。

轨迹1：加入价值链（见图5-8）

发展中国家通常通过提供BPO活动中的呼叫中心服务加入价值链。这个阶段类似呼叫中心服务的业务，主要是执行一些简单、重复的功能，对劳动力教育程度、技术水平要求低，目的是通过规模经济降低成本和增加利润。所以，这个阶段的接包方通常是劳动力成本低的中低收入发展中国家，且主要依靠那些之前被边缘化的劳动力市场，如中学文凭的青年和女性劳动力。

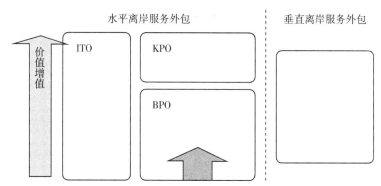

图 5-8　离岸服务外包价值链升级轨迹 1

资料来源：Fernandez-Stark 等（2010）。

轨迹 2：在 BPO 范围内升级（见图 5-9）

这个阶段包括从业务流程外包的基本服务，如呼叫中心服务供应向高附加值服务供应攀升，更高附加值的业务流程外包活动也包括像呼叫中心一样需要执行简单、重复功能的业务，但整体上，业务难度复杂度提升，需要一些受过更高教育的劳动力。企业通过在某个领域专业化来扩展其业务流程外包服务供应的范围。如南非已是重要的业务流程外包目的地，2009 年雇用了87000 个工人，且以年均 33% 的增长率在增长。这些国家的企业试图去扩展它们的业务流程外包活动（Everest Group & Letsema Consulting，2008；Sykes，2010）。

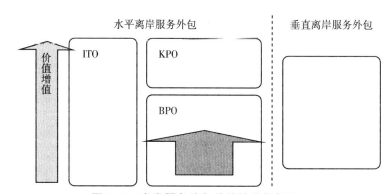

图 5-9　离岸服务外包价值链升级轨迹 2

资料来源：Fernandez-Stark 等（2010）。

轨迹 3：从 ITO 或 BPO 到 KPO 的升级（见图 5-10）

从 ITO 或 BPO 到 KPO 的升级是由顾客参与去为商业问题提供解决方案。BPO 和 ITO 企业除了提供其他的交易活动外，试图通过增加数据和市场分析为其客户提供更精细的解决方案。信息服务企业的外包业务组合中知识流程外包活动逐渐增加。如 2002~2005 年，印度公司如印孚瑟斯、维布络开发并推出了商业咨询服务。

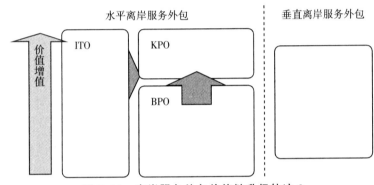

图 5-10　离岸服务外包价值链升级轨迹 3
资料来源：Fernandez-Stark 等（2010）。

轨迹 4：提供更宽范围的服务（见图 5-11）

这个轨迹描述了通过提供 ITO、BPO 和 KPO 各个阶段的服务从而实现功能升级。定位于 ITO 和 KPO 阶段的企业在更综合化的活动范围内进行专业化经营，包括 BPO 服务。通常通过收购一些小的 BPO 企业或在企业内建立新的业务。许多印度公司从 IT 和咨询（KPO）服务段扩展到 BPO 部门，包括大的国内公司，如印孚瑟斯、维布络以及在印度建立的外国子公司，如IBM、埃森哲咨询公司。

轨迹 5：垂直离岸下的企业专业化（部门间升级）（见图 5-12）

为许多工业提供 ITO，BPO 和 KPO 服务的企业通常专业化于关键部门以发展特定的专业服务。这种轨迹与东道国领导企业密切相关。企业依靠大量专业的高质量人力资本供应，通过专业化发展来保持在特定专业市场的竞争

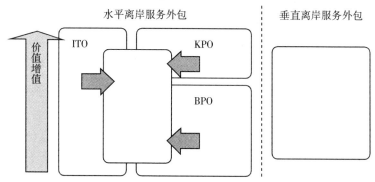

图 5-11 离岸服务外包价值链升级轨迹 4

资料来源：Fernandez-Stark 等（2010）。

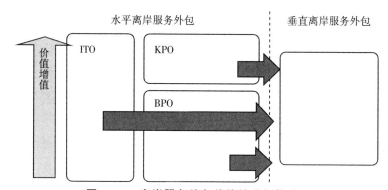

图 5-12 离岸服务外包价值链升级轨迹 5

资料来源：Fernandez-Stark 等（2010）。

力优势。对劳动力的高需求迫使一国改变而专业从事高附加值活动。如捷克企业通过建立 BPO 共享服务活动进入离岸服务业并之后升级进入垂直离岸服务外包的研发部门，尤其是在汽车、航空和 IT 领域（Business & Innovation Center，Brno，2009）。

这些升级轨迹表明了不同国家向服务外包高附加值活动攀升的策略。这些轨迹不是相互割裂的，而会同时交叉发生。轨迹 1 说明了一国如何进入价值链，通常的策略是由提供呼叫中心服务开始。轨迹 2 下，除了呼叫和联络中心外，一国能提供更复杂的业务操作。轨迹 3，进入知识流程外包阶段的知识活动更大程度涉及分析、解决问题。这些分析服务对劳动力素质要求较高。当一国运营从低附加值到高附加值的较宽范围的业务时，升级轨迹 4 发生。这些业务运营为客户提供"一站式"服务，减少了交易成本，但需要大量有成本竞争优势工人的供应为价值链的不同阶段服务。工业专业化升级轨迹 5 表明向特定工业的专业活动升级。专业化减少了与其他低成本区位竞争带来的波动。

第二节　　全球价值链下生产性服务业促进制造业升级的内在机理

随着全球价值链分工的深化，生产跨越国际边界扩展速度加快，价值链生产和服务各环节不断以新的方式分拆和重组，价值链分离的各环节需要生产性服务业来连接和协调，生产性服务业在制造业价值链升级中的作用不断凸显。生产性服务业贯穿于全球价值链的各个环节，如上游链条的研发、设计等；中游生产链条的物流、质量控制等；下游营销链条的广告、品牌管理等都属于生产性服务业包含的服务内容。

生产性服务业促进制造业向全球价值链高端升级的两个内在机理分别是：

第一，将之前嵌入在全球价值链制造业内部的服务活动从制造业价值链中有效分离出去。剥离出去的生产性服务业在高效的分工机制下，通过提高专业化水平产生规模经济并提升生产效率，然后根据制造业价值链不同环节的需求，以关系型或结构型方式与制造业价值链动态匹配。这种动态匹配，涉及生产性服务业与其他制造业、服务业间的互动机制，影响着生产性服务业本身及其使用者部门的效率。

第二，在生产性服务业与制造业价值链融合过程中，生产性服务业将知识、技术等高级要素注入制造业，通过制造业服务化丰富制造业的服务内容，提升制造业附加值。

一、全球价值链分工下生产性服务环节与制造环节的有效分离

根据波特的价值链理论，制造业企业生产过程由内部后勤、生产运营、外部后勤、市场营销和售后服务等基本活动及辅助基本活动的基础设施、技术研发、原料供应、人力资源管理等辅助性活动构成。基本活动和辅助活动的每个环节在制造业企业价值创造过程中相互联系，形成了企业完整的价值链。在工业化早期，生产性服务嵌入在企业内部，辅助制造业产品的生产；到工业化中期，生产力发展和技术进步推进下的分工细化及多样化消费者需求要求企业采用更灵活的专业化生产模式，西方工业社会发生了从福特主义大规模生产向柔性专业化生产的转变。柔性专业化生产的特点是全球价值链各生产工序发生垂直分离，企业生产过程从产品概念提出、研发、设计到物质生产、组织、控制、营销及售后等各个价值链功能环节发生有效分离，推进了研发、工程、管理、咨询、会计和法律等生产性服务业从制造业中分离出来，发展成为了独立的生产性服务部门。刘奕、夏杰长（2010）将支持制造业价值链基本活动的生产性服务业称为功能性服务业，如支持内部及外部后勤的入厂、出厂物流服务，支持生产运营的维修服务，支持市场营销活动的销售代理服务及售后服务等。支持制造业价值链辅助活动的生产性服务业被称为知识密集型服务，如支持制造业价值链辅助活动基础设施环节的基础设施服务，包括财务会计、企业咨询、管理策划等服务；支持人力资源管理环节的人力资源服务；技术研发环节的研发服务及采购环节的采购服务等（见图5-13）。这些生产性服务业从制造业中有效的分离出来，专业化促进了生产性服务效率提高和规模经济实现，从而降低单位成本。分工细化与专业化程度的加深使得制造业企业集中资源培育其核心竞争力，而将之前内部提供的生产性服务活动转向从外部购买，为外部化独立发展的生产性服务业创造了更大的市场需求。

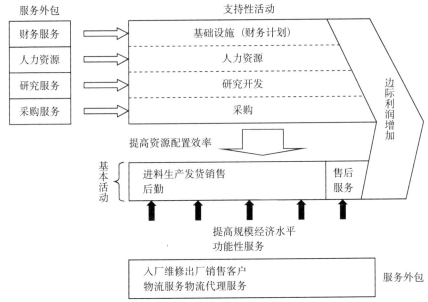

图 5-13 生产性服务外包嵌入制造业价值链关系

资料来源：刘明宇、芮明杰、姚凯（2010）。

二、生产性服务业与制造业价值链的动态匹配融合

制造业服务化首先由 Vandermerwe 和 Rada（1988）提出，指在制造业中服务份额占比的增加为产品带来了价值增值，实质是生产性服务业向制造业价值链渗透融合的过程。宏碁电脑创始人施振荣提出微笑曲线，认为研发、设计和营销是为公司创造高附加值的核心活动，这些环节主要由生产性服务提供。Hansen（1993）认为，技术进步为服务专业化提供了很大潜力，服务成为产品价值增值的重要部分。电脑市场大约 2/3 的价值增值来自服务部门而非制造业部门提供的软件和维修服务。Gemmel（2003）估计服务部门产出的 1/4 被用作制造业中间品，如果包括企业内服务的情况下，占比会更多。瑞典的研究进一步提供了服务对制造业重要性日益增加的证据。服务业不仅为制造业提供高份额的中间投入，它们在制造业收入份额中的比重也不断上升，并推动出口（Lodefalk，2013，2014）。例如，瑞典机床制造商使用 40

种不同的服务以维护其交付链，以及在其销售过程中，它会为其客户出售 15 种不同类型的服务（Rentzhog，2010）。

经济全球化和生产组织方式的变化使得服务越来越成为提升当地及一国制造业附加值及全球市场竞争力的关键中间成分。制造业和服务业间的界限越来越模糊，之前从制造业价值链中分离出的生产性服务，在专业化水平和运营效率不断提升的基础上，根据制造业价值链各环节的需求，在市场因素和产业关联的作用下，重新嵌入到制造业相应环节，与制造业价值链动态匹配进行价值链重构。生产性服务在与制造业价值链融合的过程中，向制造业价值链注入知识、技术等高等要素，通过信息技术、模块化组织方式等，提升制造业生产效率和管理效率，带来了"1+1>2"的价值链整合效应，重构为新的更高附加值的产业价值链。

第三节　全球价值链下生产性服务业促进制造业升级的实现机制

一、生产性服务外包促进制造业核心竞争力形成及效率提升

制造业与服务企业之前的联系主要局限在当地且关联程度较弱。信息通信技术的发展突破了服务外包在地域上的限制，使得全球价值链生产和服务环节在时间及空间上分离成为可能。当任务可以同时传输，零部件和半成品可以速度快又便宜的移动且每一阶段需要的中间服务可以通过电子通信传输时，企业可以充分利用各国要素成本差异，把资源配置到成本最低的地方，从专业化生产中获得最大利益，这促进了全球生产性服务外包的大量兴起。

生产性服务外包促进制造业核心竞争力形成及效率提升表现在以下两方面：

第一，节约成本，转移风险，优化资本运营结构。制造业企业充分利用不同国家或地区工资成本差异优势，将非核心业务外包到工资成本较低的地区或国家，从而将节约的资本及资源配置到企业具有比较优势的核心业务环节，培育核心竞争力。同时，服务外包使得参与全球生产体系的制造业可以将一部分风险转移给服务企业。另外，帮助企业削减工作量，即通过外包缓解高峰期的工作负荷。Hanson 等（2005）实证研究跨国公司垂直生产网络全球布局的决定因素，其研究集中在分析跨国公司如何以最佳方式组织庞大的生产链，其中外包正是利用了跨区域的国际成本差异。同时，在互联网技术的推进下，生产性服务业也帮助企业在外包非核心业务过程中降低交易成本。互联网技术彻底改变了全球价值链上企业间的互动方式，模块化生产减少了企业间的外部协调成本。全球生产性服务帮助制造业企业根据市场变化调整技术、产品和生产过程，减少生产调整过程中的组织、管理与信息障碍。

第二，获取专业化服务，提升制造业生产和组织效率。获得高质量的服务对全球生产企业很重要，因为不同类型的服务帮助企业设计新的市场策略或提供新的工具以更好适应市场的变化。随着生产变得更复杂和更灵活及非价格因素在企业竞争中重要性的凸显，如产品创新、设计和质量等，制造业对外部专业服务的依赖程度提升，扩大了对全球生产性服务的需求。生产性服务外包通过两种机制提升制造业生产效率：第一种机制是根据经典的亚当·斯密分工理论，即在服务的生产与传输中，专业化水平的提升产生规模经济并提升制造业生产率。生产性服务具有知识密集特征，在开始学习阶段需要大量投资，一旦知识形成，提供给其他使用者的边际成本降低。生产性服务业以相对较低的价格提供无形的中间服务。制造业企业作为这些服务的主要使用者，从生产性服务专业化市场收益最多。第二种机制是生产性服务内含的人力资本投入带来的动态效率收益。亚当·斯密分工机制不仅在量化方面，当放到动态的环境下，市场扩张与专业化分工程度加深通过加速引进新技术和新组织模式也为垂直整合制造业部门带来了质变。量变和质变相互交错的过程提升了制造业生产和组织效率。生产性服务为客户公司提供不同于公司内部的新服务，为其提供外部优秀的人力资本、资源等，支持其引进新工艺技术并提高其设计、研发、市场定位等能力，为客户公司更好地融入全球价值链提供信息和平台。如，银行和金融服务全球化，使得当地企业就全球金融方面达到跨国公司的专业水平。新技术的运用如工业设施远程监控技术，传感器和数字仪器的使用成本已大幅下降，他们越来越多地被安装在机器设备上，以提高能源利用率。

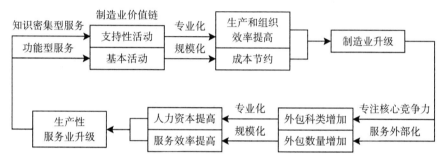

图 5-14　生产性服务外包促进制造业核心竞争力形成及效率提升机制
资料来源：刘明宇等（2010）。

二、生产性服务集聚与制造业协同定位促进制造业规模收益递增

（一）生产性服务集聚与制造业协同定位的理论基础

制造业与生产性服务业的协同定位是基于二者的投入—产出关系。Venables（1996）认为，在纵向联系的情况下，制造业对生产性服务业的需求引起了生产性服务业在制造业附近集聚，达到了降低交易成本效应。制造业受益于短距离生产性服务业的供应。服务供应商受益于短距离制造业客户的高需求。成本和需求联系使制造业和生产性服务业形成客户—供应商关系，这种关系使二者在空间布局上相互依存。Marshall、Arrow 和 Romer（MAR）认为，生产性服务业在与制造业关联的密集区域集聚，会产生三方面的积极外

部效应：第一，知识溢出，由于地理邻近、非正式接触及劳动力流动等因素，企业和员工间知识的传输容易产生知识溢出；第二，劳动力池，专业化的当地劳动力市场便于企业获得大量技术工人，避免劳动力短缺风险；第三，中间投入品共享，在地理集中的市场区域内可以共享到大量的服务和生产要素。波特的钻石模型中强调一个行业的成功部分取决于相关和支持行业。Hansen（1990）认为，生产性服务和区域生产率差异间的关系与生产性服务及制造业地理上的联系紧密程度相关。Klaesson（2001）认为，制造业和生产性服务业应该邻近的原因是服务提供成本会随着服务供应商的距离不断提升。这些成本包括见面和频繁接触的路途时间与开支等。这些研究说明了制造业在与生产性服务业协同定位中受益很多。

Goe（1990）指出，生产性服务业也从与制造业邻近中受益很多，因为制造业需求为其开辟了市场。空间集聚下高效便利的投资环境对吸引生产性服务 FDI 流入产生积极效应。在一个特定的地理区域，与特定工业相关的中间品和服务的高度供应节省了国内及外国企业客户去寻找匹配供应商的时间，尤其是丰富的高技术人员供应，非正式和面对面的互动促进了隐性知识的编码与传输，知识溢出促进企业学习到新技术。如图 5-15 所示，制造业的生产规模影响生产性服务业的规模。制造业生产需求引致生产性服务业的发展，吸引了生产性服务业的集聚。反过来，专业化供应的生产性服务企业降低了制造业的成本，促进了其产出增加。

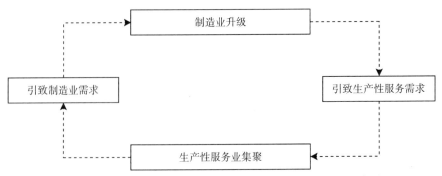

图 5-15　生产性服务业集聚与制造业协同定位下的相互依存关系

（二）生产性服务集聚与制造业协同定位促进制造业实现规模收益递增效应模型分析

图 5-15 概述了制造业和生产性服务业集聚相互依存关系的理论基础。本书以 Either（1982）和芮明杰等价值链分工模型为基础，并对模型进行改进来分析生产性服务集聚与制造业协同定位下的规模收益递增效应。假定制造业生产函数为方程（5-1），生产投入仅包括劳动力和生产性服务业，且制造业在完全竞争条件下运行。等式（5-1）中的生产函数规模报酬不变且由差异化的生产者服务组成（cf. Either, 1982）。如 Dixit 和 Stiglitz（1977）概述的，生产性服务业被假定为在垄断竞争条件下运行。

$$x = AL^\gamma \left\{ \int_0^n \left[z(i) \right]^{\sigma-1/\sigma} di \right\}^{(1-\gamma)\sigma/\sigma-1}, \quad \sigma > 1; \ \gamma < 1 \tag{5-1}$$

式中，$A \equiv (\gamma/1-\gamma)^{1-\gamma} + (1-\gamma/\gamma)^\gamma$。随着生产性服务业数量 n 的增加，规模收益递增，可见中间投入品的平均生产率是生产性服务投入数量 n 的递增函数。$\Omega \equiv nz$（i）是制造业生产中所使用的生产性服务业的总量。因为所有生产性服务业是对称的，所以平均生产率可以记为 $z/\Omega = n^{1/\sigma-1}$，其中，z 指生产性服务的投入总量。当生产性服务替代弹性 $\sigma > 1$ 时，生产性服务投入的平均生产率随着 n 增加而提高。对此结果的解释，普遍的共识认为是由于劳动分工下，专业化生产带来的规模收益递增（Either, 1982；Weitzman, 1994）。

与等式（5-1）生产函数相关联的单位成本函数：

$$c^u(w, \ p) = w^\gamma p^{1-\gamma} \tag{5-2}$$

在等式（5-2）中，w 是劳动成本，p 是生产性服务价格指数。由于生产性服务是对称的，每一个生产性服务投入代入等式（5-2），生产性服务价格指数可写为：

$$p(n, \ p_z) = n^{1/1-\sigma} p_z \tag{5-3}$$

在等式（5-3）中，p_z 代表生产性服务输入的价格，n 为生产性服务的数量(或集)。等式（5-3）提供了成本联系的基础。当 $\sigma > 1$ 时，下列关系式成立：

$$\frac{\partial p(n,\ p_z)}{\partial n} < 0 \Rightarrow \frac{\partial c''(w,\ p(n,\ p_z))}{\partial n} < 0 \tag{5-4}$$

由派生等式（5-4）可知，用于制造业的生产性服务业规模越大，生产性服务业单位成本越低。随着生产性服务业数量（或多样性）的增加，平均成本在降低，制造业的产出价格也在降低。

由于制造业在完全竞争条件下生产，所以产出价格降至平均成本。因此，等式（5-1）生产性服务业的规模收益递增指随着生产性服务业数量的增加，与给定产出相关的最小成本在降低。另外，随着生产性服务供应数量增加，价格指数 p 在减少，而单个生产性服务的价格 p_z 保持不变。这反映了生产性服务多样性的增加对输入品平均生产率的影响。图 5-16 描述了生产性服务集聚对制造业的规模收益增长效应。随着生产性服务供应数量的增加，价格指数 p 下降，等成本线（斜率减小）从 B 向外弯曲到 B′，与其相切的等产量线从 I 上升到 I′，代表一个更高的产出。

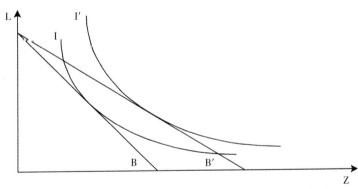

图 5-16　生产性服务集聚对制造业的规模收益增长效应

制造业单价成本随着生产性服务数量（或集）的增加而降低。生产性服务业增加到何种程度会降低制造业成本取决于生产性服务替代弹性 σ 和生产性服务成本占制造业总成本的份额（1 − γ）。生产性服务业带来的规模报酬递增与替代弹性 σ 负相关。当生产性服务与制造业是互补时，可替代性弱，即

σ较小时，生产性服务规模扩大对单位成本降低的影响较大。反之，即σ较大时，就意味着生产性服务业是相近的替代品，生产性服务规模扩大对单位成本降低的影响较小。生产者服务成本占制造业总成本的份额（1 - γ）的影响是直接的。生产性服务成本占制造业总成本的份额（1 - γ）越小，生产性服务增加对制造业单价成本的降低影响越小。

等式（5-1）~（5-4）的一个缺点是，没有对生产性服务集聚的数量进行限制。避免生产性服务业数量一直增加的方法是在生产性服务业内引入固定和可变的劳动力需求（Rivera-Batiz，1988；Matsuyama，1995）。这导致的结果为生产性服务的数量是可用性劳动和固定劳动需求的函数。尽管上面的等式没有此约束，但它合理的证明了生产性服务集聚和制造业协同定位下的规模收益递增效应。基于二者的投入—产出联系，生产性服务供应数量的增加降低了制造业单位成本，为制造业带来了更高产出，实现了规模经济效应。

三、生产性服务业与制造业价值链融合促进制造业附加值提升

根据制造业企业的不同特征及生产性服务融入制造业价值链的不同方式，生产性服务业与制造业融合通过两种模式提升制造业企业附加值。

第一种是互补式融合，即制造业企业根据消费者需求，在提供制造产品的同时，打包提供与产品相关的生产性服务功能，以使得比其他竞争者更有吸引力。这种模式下，生产性服务业以互补方式渗透到制造业价值链，使制造业产品融合成了兼具制造和服务功能的新产品。典型的案例，如IBM从出售电脑成功转型为信息技术服务提供商，为客户提供软件、咨询及技术等业务解决方案。

第二种是延伸型融合，基于生产性服务业与制造业上下游产业的产业关联性特征，生产性服务业向制造业价值链上游技术研发、产品设计环节及下游产品广告、营销、售后等环节延伸。这种融合模式拓宽了制造业业务辐射领域，以客户需求为导向，增加的服务业务成为长期锁定客户的重要方式，增强了制造业企业市场竞争力。如汽车制造商提供金融贷款、保险、维修、

租赁和售后等服务，以促进其汽车销售。另一个典型的事例是复印机设备制造商，美国的兰克施乐公司在出售复印机的同时，提供维修、维护和租赁服务。这些服务帮助企业提升现有商品的接受度、功能、灵活性和业绩。服务增值是产品差异化和提升顾客忠诚度的有效途径。

四、生产性服务业提供的高级要素投入促使制造业创新能力提升

(一) 生产性服务创造和扩散知识的过程与阶段

生产性服务业本身包含密集的人力资本与知识资本，其通过提供专业化服务，将人力资本和知识资本融入企业生产过程，在经济活动中扮演信息技术的"转换器"角色，为企业知识创新学习提供平台。由于生产性服务部门存在异质性，不同的生产性服务业对制造业生产率影响存在差异，这取决于特定生产性服务部门的创新潜力及其所提供服务的质量与创新内容。最新文献强调知识密集型生产性服务业。起初，知识密集型生产性服务业指与研发、信息通信技术相关的服务，近期的文献扩大了知识密集型生产性服务业的边界与功能，知识密集型服务业被定义为"定位、开发、组合并结合客户的背景将各类相关技术应用到具体问题的服务"。此外，它不仅仅是由各类抽象知识的纯市场交易构成，在许多情况下，知识密集服务和其客户间的互动可以更好地表示为一种"创新合作模式"。知识密集型服务业正在代替工业成为知识经济时代能力集聚的引擎。有关"服务创新"的文献强调"非技术"类的技术、能力、学习过程的重要性，涉及公司组织、市场特征、消费习惯、金融与法律等领域。这些文献的发展对分析知识密集型服务对制造业企业创新能力的影响有重要意义。这种影响的评估，不仅需要考虑知识密集型服务业的性质、规模，还需考虑制造业企业的吸收能力及服务业与制造业的匹配与互补方式。Windrum 和 Tomlinson (1999) 以多国为样本发现知识密集型服务对所有的国家产出和劳动生产率都有积极的影响，同时发现，对不同国家的影响程度不同，这不是取决于国内服务经济的质量，而是取决于服

务业与其他经济活动的匹配程度。

知识密集型服务对制造业生产率的提升源自其在制造业企业创新活动中的作用，包括知识、技能的创造和扩散两方面。知识密集型服务在创造和扩散知识过程中经历三个阶段：提取隐性或编码知识；重组知识；最终向客户企业传输或扩散知识（见图5-17）。第一个阶段隐性或显性知识的获取发生在与客户企业的互动中。这种以互动为基础产生的知识主要包括在为客户解决问题过程中学习到的知识。第二个阶段主要是对获取到的知识进行重组。知识重组发生在知识密集型服务企业内，包括整合外部知识，提取与要解决的问题相关的知识，以及对应客户企业的特定需求对编码知识进行加工，从而创造新的知识。第三个阶段是对知识的应用，以提供更高效率的服务为主要形式，知识密集型服务企业将编码化的知识传输给客户。

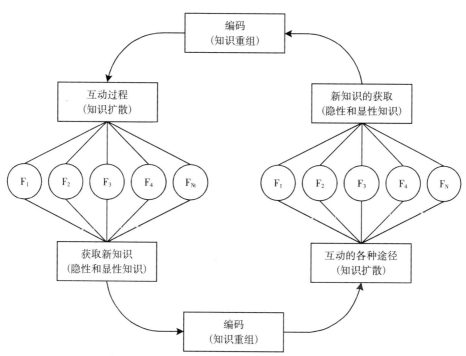

图 5-17 知识密集型服务业的知识创造与扩散过程

资料来源：Strambach（2001，p.64）。

可知，知识的扩散与知识的互动、知识的创造密切相关。由于信息通信技术的发展，空间对知识密集服务活动的限制减小，使知识在空间上实现了自由流动与分配。但是，知识密集型服务业越来越倾向于在核心区域集聚。这是因为互动过程中，尤其是商议的开始阶段，以隐性内容为主要特征，需要特别的面对面接触。面对客户的特定问题，知识密集型服务企业更多需要与客户直接交流，通过重组现有知识并输入新知识构造解决方案。除了地理上的邻近，社会、文化等方面的邻近因素都会有利于这个阶段的管理。由于隐性知识的重要性，信息技术的发展加剧了知识密集型服务的集聚。Heraud（2000）认为，新知识经济时代存在显著的矛盾：某种程度上，去物质化趋势和信息技术的发展帮助创新网络摆脱了空间的限制；但同时复杂的认知过程不仅需要大量编码信息技术的流动，而且需要使用更多隐性知识和界面接口来对接这些信息。

知识密集型服务企业在与客户互动过程中，通过学习扩充了其知识基础。Ancori、Bureth 和 Cohendet（2000）指出，原始知识在某个认知环境下的整合不仅仅是一个简单的知识传输，而是知识重组的过程。一旦知识被编码化，便可以以模块形式出售给客户。因此，编码促进了知识体系的可分性。同时，编码扩充了知识密集型服务企业的基础知识库，并分配给客户企业，与客户的吸收能力结合，产生了新的知识，即企业创新能力提升的过程。

（二）知识密集型服务促进制造业企业创新能力提升机制

Kleinknecht（1989）认为，制造业中小企业创新过程中的障碍因素包括资本缺乏、管理经验缺乏以及较难获得创新项目需要的关键技术和基础信息等三方面。尤其是管理经验和技术、技能的缺乏体现了中小企业在信息互通和知识获取方面的局限性。Cohendet 和 Steinmueller（2000）认为，信息流动及技术获取对企业组织能力的提升很关键。企业创新失败的原因与"核心管理原则"有关，这些"核心原则"包括：①高效的市场调研与研发；②市场与研发的协同作用；③知识产权保护。换句话说，只进行内部研发对中小企业的创新是不够的。外部信息资源的整合对中小企业创新能力的提升也很关键。这类似于 Cohen 和 Levinthai（1989）提出的企业吸收能力概念，即企业通过吸收、整合外部资源，并结合内部资源，最终转化为商业创新成果，应用于实践的能力。

知识密集型服务业充当着制造业中小企业的协同创新者。Teece（1986）提出的创新资产互补概念有助于理解制造业中小企业和知识密集型服务间创新互动的特征。他从全球价值链视角指出，价值链中下游的配套资产，如制造、物流、销售、售后等，对价值链上游研发技术创新起互补作用。知识密集型服务企业提供的服务在其根据客户的需求不断调整的高频率互动过程中产生。购买知识密集型服务与购买一般标准产品或服务不同。因为知识的特征与其他产品不同，知识产品的交换伴随着不确定性与信息不对称。知识密集型服务为客户提供三种系统性功能包括：①检查、发现和分析问题；②诊断问题；③解决问题。总结和整合 Teece 互补创新资产的观点，知识密集型服务在市场环境和制造业企业客户之间充当着"桥梁"或接口的功能，是客户创新能力演进加强的催化剂。同时，知识密集型服务对中小企业创新能力的提升只是银币的一面。事实上，知识密集型服务也在与制造业中小企业互动中受益。知识密集型服务企业知识基础的积累源自它与客户的互动中，这些互动影响着知识密集型服务企业创新能力的提升。所以，知识密集型服务业与制造业中小企业相互作用下的良性循环机制可归结为：知识密集型服务业与中小企业相互促进其创新能力提升，这种相互作用基于"核心顺序"以及三个"次顺序"：①互动本身；②知识基础的扩大；③企业吸收能力提升下的持续创新。这三个因素并非以线性的顺序作用，而是在回馈效应下，以知识库不断积累扩大为基础相互作用。

创新是一个系统的过程，创新过程需要在一个经济、社会和政治元素完好配置且良好互动的创新体系中实现。这涉及到创新友好环境、创新过程的政治支持、特定的教育和培训措施、创新相关信息的提供、创新金融等。知识经济时代，技术是创新的主要驱动力，因此知识密集型服务在这方面起关键作用，尤其由于知识密集型服务和中小企业互动间知识的影响，二者互动影响着创新体系内知识的创造与扩散。如图 5-18 所示。

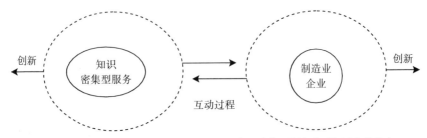

图 5-18 知识密集型服务与制造业企业的良性循环创新机制

资料来源：Muller（2001，pp.48-55）。

第四节　本章小结

本章首先从生产性服务业的内涵、特征及分类三方面做了基本分析。其次基于生产性服务业增长的事实，提出了生产性服务业发展所经历的三个阶段：嵌入在制造业内部、外部化为独立部门到逐渐发展成为经济主导部门。生产性服务业伴随着工业经济发展过程演进，是专业分工深化与市场经济不断推进的结果。生产性服务业增长的原因可通过分工理论、价值链理论、工业化需求驱动理论、产业结构软化下的知识和资本投入要求四方面解释。

生产性服务业国际转移成为当前新一轮国际产业转移的新趋势。其中，离岸服务外包是生产性服务业国际转移的主要形式，本章从离岸服务外包参与主体、离岸服务外包供需的全球分布、离岸服务外包增长的"JK"模型、离岸服务外包价值链的升级等方面分析了生产性服务业在全球价值链中的发展情况和所起的作用。

在对生产性服务业及其国际转移进行了全面的分析后，本章研究了全球价值链下生产性服务业促进制造业升级的内在机理与升级机制。其升级内在机理是，在全球价值链分工体系下，生产性服务业从制造业中有效分离出来，发展成为独立的生产性服务业价值链，并根据不同制造业的需求，与制造业价值链进行动态匹配和融合。

　　生产性服务业促进制造业升级的机制包括四方面：在全球价值链分工深化的作用下，生产性服务业通过从制造业中有效分离，促进制造业核心竞争力形成以及生产和组织效率提升；分离出的生产性服务集聚与制造业协同定位，促进制造业实现规模收益递增；根据制造业的需求及不同制造业部门的特征，与制造业价值链动态匹配融合，促进制造业附加值提升；生产性服务提供的高级要素投入，通过知识创造和扩散机制促进制造业创新能力提升。制造业实现升级，进一步推动了对生产性服务业的需求，在二者动态匹配的良性循环机制下，互相促进发展，如图5-19所示。

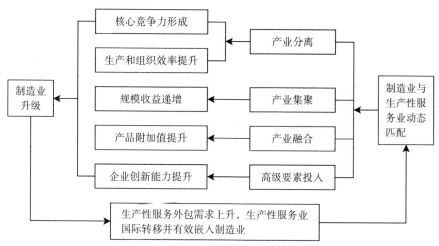

图5-19　全球价值链下生产性服务业促进制造业升级机制

资料来源：作者整理。

第六章　全球价值链下产业转型升级的国际经验与启示

第一节　日本经验：政府主导下的产业转型升级

一、日本产业转型升级的历程

"二战"后，日本开始致力于重建经济，日本产业转型升级共经历了四个阶段，根据不同时期的国际与国内形势，日本政府制定促进产业转型升级的产业政策、贸易政策及外资政策，实现了其产业结构向全球价值链高端跃升，贸易大国向贸易强国和品牌强国的转变。

（一）战后重建期（1945~1960年）

"二战"后，日本国内生产设备和资源严重缺乏，这一时期日本政府主要实行了"倾斜性产业政策"，即将有限的资本与资源配置于钢铁、电力、煤炭等对经济增长推动作用强的基础工业部门，以恢复经济发展所需基础物资的供应。另外，美国对日本的援助起了很大作用，日本利用美国"占领地区救济基金"等援助款进口国内重点工业发展所需的原料，并积极振兴本国出口。到20世纪50年代中期，日本国内经济逐步复苏。

（二）经济高速增长期（1960~1973 年）

这一时期，日本产业的发展重点由基础工业转向重化工业，力图构建国家重化工业化产业结构。1960 年，通商产业省制定了"1960 年产业结构愿景计划"，详细列出了重化工业产业发展体系。这期间，日本化工、汽车、造船等产业竞争力显著提升，在国际市场上形成了明显的比较优势，出口贸易额快速增长，成为世界第一大出口国。与此同时，日本积极引进美国先进技术，并消化、吸收，进行二次研发与升级，推进技术成果的转化与市场推广。到 20 世纪 60 年代末，经济高速增长推动日本 GNP 位居世界第二。

（三）经济调整期（1974~1990 年）

这一时期，受美国"尼克松危机"和两次石油危机的影响，日本出口导向型经济陷入滞涨。日本政府提出产业结构向"知识集约化"方向转型，重点发展知识、技术密集产业，倡导技术立国战略，并完善支持中小企业技术创新等方面的制度。这期间，日本半导体、计算机及精密机械等产业获得快速发展，尤其是工业机器人被广泛运用到日本生产的各个领域，显著提升企业生产效率和产品技术含量。1984 年，日本高新技术产品出口在全球占比最高，达到 32.1%，而美国为 30.4%。

（四）经济转型升级期（1991 年至今）

1985 年，"广场协议"的签订致使日元大幅升值，日本出口增速下降，但却推动了日本海外投资步伐的加快与产业结构的转型升级。日本将全球价值链低端的劳动密集型产业转移到了劳动力成本低的东南亚国家，在国内集中发展价值链高端的资本、技术密集型产业，并以内需为主导，重视基础技术的研发与创新，完善促进企业升级的制度与政策。20 世纪 90 年代后，日本经历了"失去的 20 年"，但其出口的产品附加值却不断提升，电子、汽车等行业品牌产品享誉全球，产业结构实现了向价值链高端研发、品牌、服务的升级。

二、日本产业转型升级的经验

（一）现代产业模式

日本现代产业模式的主要特征是力图占据某个产业价值链的高端、高附加值环节，并通过控制规模和核心技术对其他竞争者形成进入壁垒以保持持续竞争优势。日本企业"小、专、精"的生产与管理模式与中国企业一味追求做大做强的理念完全不同。日本国内产业价值链呈金字塔形态，即"下包制"，处于金字塔顶端的发包企业是掌握最核心技术的系统集成商，其把其他环节的零部件生产与加工外包给下游企业。在分工不断细化的金字塔产业价值链结构下，越往下层级的供应商越多，且不断向下面层级的供应商外包业务，形成瀑布效应。不同层级间的发包商与供应商之间基于多年合作的稳定关系、零部件专业配套供应及产品品质的保证，订单稳定，使得每个层级的供应商可以专心自己领域的研发，无须分心去争夺市场。所以，日本许多中小企业在某个特定行业领域或某个特定工序多年潜心研发，做到了该行业技术的最高端，且不断向其他领域转型升级，如图 6-1 所示。

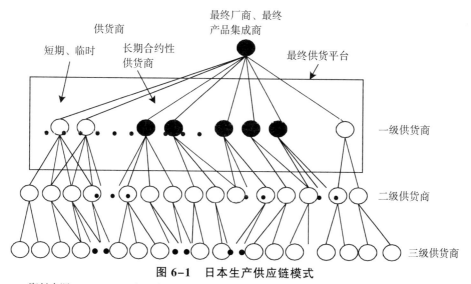

图 6-1　日本生产供应链模式

资料来源：Asanuma B（1989）。

（二）政府主导的技术创新制度保障

日本产业转型升级成功很重要的一点是基于其国内强有力的政府推动的技术研发与创新。20世纪80年代以前，日本以引进国外先进技术为主，沿着"引进—吸收—模仿—创新"的路径，政府以国内市场为导向，鼓励技术研发、成果转化到投放市场运用的整条价值链的构建。1959年，日本《商标法》及1971年《著作权法》等其他保护知识产权的法律条例颁布，为企业创新成果的转化提供了制度保障。20世纪80年代后，日本政府相继提出"技术立国"政策及"科技创新"政策，并开始重视基础技术研究，加强基础科学领域的研发与投资，齐抓基础科学教育与应用技术教育，支持产学研合作机制的构建，通过金融、税收等宏观政策资助企业研发创新项目。总之，日本政府在产业结构转型升级和企业技术创新能力提升过程中，具有关键的引导作用。政府主导并不是按照政府的意志去独断的制定政策或制度，而是其根据不同时期国际及国内市场发展趋势，制定适应市场导向的产业技术政策，禁止垄断，鼓励竞争，这些都是中国很值得借鉴的经验。

（三）中小企业精益求精的生产与管理模式

日本许多的核心技术掌握在中小企业手里，许多中小企业是其所在行业领域的领头军，被称作"隐性冠军"。许多享誉国际的知名品牌大企业，是在这些中小企业有利的分工协作下，靠中小企业提供的高精尖技术配件得以成功的。从呈金字塔型的产业价值链结构看，日本中小企业分为三类：一是专业化零部件供应商，二是专业化零部件加工商，三是终端产品生产商。随着全球价值链分工的深化，由于日本专业零部件供应商掌握着核心技术，其越来越向价值链高端的位置跃进，在国际竞争中地位不断提升。这些中小企业的核心竞争力不是一蹴而就形成的，而是通过长期的积累，且与日本精益的企业文化、国内市场环境、现代产业发展模式、政府的政策与制度保障等因素密切相关。日本市场的主要消费群体中，中产阶级占了绝大多数，其对产品质量要求苛刻，加上日本企业追求精益求精的生产与管理，形成了日本企业非常注重产品品质的文化。而且，日本市场消费需求多样化及相对公平的市场竞争环境，促使企业不断改进工艺、更新产品，以推进产品差别化，满足消费者多样化需求。在"下包制"产业价值链结构下，中小企业供应商与发包商建立长期稳定的合作关系，使得中小企业专心在自己的领域潜心研发，加上政府对中小企业发展的高度重视，推进了许多"隐性冠军"的产生。1963 年，日本成为世界上第一个国家制定《中小企业基本法》，并根据不同时期国内环境的变化不断修改，1999 年修改制定的《中小企业基本法》再次重点强调了中小企业在产业转型升级和国家技术创新中的重要地位。除立法支持外，日本政府还为中小企业成立了许多支持其融资、促进其研发创新、贸易等的中介服务机构。

第二节　美国经验：基于内需市场和全球化战略的产业转型升级

一、美国产业转型升级的历程

"二战"后，美国产业总体上是沿着农业、制造业向服务业过渡的路径升级，或从生产要素角度看，是从劳动密集产业向资本、技术、知识密集产业升级。美国与日本产业升级不同的是，市场在美国产业转型升级过程中对资源配置起基础作用，政府通过制定一些规则进行监督。美国产业转型升级的历程分三个阶段。

（一）重工业发展期（1950~1970 年）

20 世纪 50 年代，美国主要发展钢铁、汽车等重工业，且主要集中在芝加哥等中部地区。到 20 世纪 70 年代，世界爆发两次石油危机，加上日本钢铁、汽车等重工业的快速发展，给美国重工业发展形成了很大压力，美国开始推动制造业向服务业和产业研发方向转型。

（二）制造业向服务型和研发创新方向转型期（1970~1990 年）

这一时期，美国制造业转型的方向主要包括两方面：一方面是强调制造业中服务成分占比的提升，推动制造业向服务型产业发展；另一方面是强调制造业中研发、创新的重要性，推动创新型产业的发展。美国与日本不同，其不是提出明确倾斜性的产业支持政策来对企业转型进行干预，而是通过营造支持企业创新及新兴产业开拓发展的制度环境来推动本国产业转型升级。20 世纪 80 年代后，美国钢铁、汽车等产业逐步实现了向服务化、信息化方向的转型，生产水平和技术能力获得很大提升。而且，西部硅谷等地区出现了一大批高新技术创新带，对美国整体产业布局与产业转型升级产生深远影响。

（三）信息产业发展期（1990 年至今）

20 世纪 90 年代，美国主导的信息革命确立了美国信息产业在国际市场上的领导地位。这一时期，美国提出了重点发展十大高新技术产业和新兴产业，包括计算机集成技术、计算机信息、电子、通信、新材料、航空航天、生命科学、生物医疗、光电技术、材料设计等领域。这些高新技术产业的发展，尤其是计算机信息技术推动美国经济在进入 2000 年后，持续了 112 个月的高速增长，带领美国进入了信息经济时代。同时，在产业价值链布局上，美国企业将重心放在核心技术研发与技术标准推广等高附加值环节，将其他非核心零部件生产与加工环节外包到全球其他成本较低的地区，在全球价值链新国际分工模式中确立了主导地位，实现了产业占据研发、设计、服务等全球价值链高端领域的升级。

二、美国产业转型升级的经验

（一）经济全球化机遇下的全球价值链主导地位与主导产业的确立

20 世纪 90 年代，美国抓住了经济全球化机遇，构建全球价值链，并在信息革命机遇下，确立信息产业为主导产业的正确产业升级战略，为美国经济增长找到了新引擎。美国在 20 世纪 90 年代将信息产品的非核心部件生产委托给韩国、中国等地区的供应商，本国集中研究核心部件研发与市场开拓。信息产业的一个特点是其需要在起初进行大量研发投资，一旦掌控核心技术，并在国际市场上建立技术标准，将会通过产品或设备的专用性，锁定客户，从而确立在该行业领域的全球垄断地位。美国的英特尔和微软，一个控制个人电脑的核心部件芯片，一个控制软件，通过构建核心技术标准，并结合互联网等信息技术的发展，不断对核心部件进行更新，主导着全球信息产业的发展进程，使得全球信息产业供应商、信息产品用户等都对其形成了很强的依赖。英特尔几乎垄断了90%的芯片市场份额，微软占据近80%的软件市场，垄断了全球信息产品市场近70%~90%的利润。美国信息产业在全球占据主导地位，并通过先进技术引领国内相关产业转型升级，稳固跨国公司占据全球价值链高附加值环节的中心地位，实现了美国技术领先主导的产业结构升级。

（二）完善的创新制度环境

美国产业转型升级的成功离不开科技创新的推动，科技创新是信息技术产业和新兴产业得以发展，从而带动整个产业升级的关键。美国企业强大的技术创新动力背后是其完善的创新制度保障与创新激励环境。美国政府并非通过具体的产业政策指导企业创新或在具体产业上加大科研投入，而是在经济、政治、法律等方面构建完善的创新激励制度与创新成果保护机制。制度的完善与保障使得企业有动力去花很长时间进行研发投入与创新。这正是我国所缺乏的。由于国内创新政策与制度不完善，创新要素供给不足，知识产权保护机制不健全等因素，国内企业普遍认为创新研发投入成本高、周期长、风险大，企业创新动力不足、创新能力较弱，从而长期集中在全球价值链的低端，获得较少的分工收益，企业间形成恶性循环竞争。实质上，全球价值链下国家间、企业间的竞争归根结底是制度的竞争。完善的制度环境与制度保障，对一国产业转型升级起根本作用。

（三）国内有效市场需求推动产业升级

自20世纪30年代，美国通过推行"罗斯福新政"克服了经济大萧条后，凯恩斯的有效需求理论成为美国经济复兴和产业升级的重要指导理论。有效的市场需求和产业升级之间有着密切的联系，美国国内市场的有效需求在推动产业结构转型升级过程中起到举足轻重的作用：一方面，美国居民总体上收入水平较高，中产阶级占比大，居民收入差距小，国内市场对产品的有效需求推动了本国产业规模不断扩大，引领相关产业集聚，形成分工不断细化下的产业合作网络，延伸产业链，促进产业结构升级；另一方面，企业作为市场的微观主体，市场的有效需求帮助企业了解市场的前沿信息，为企业转型升级提供方向，引导企业发挥创新意识，将技术研发与市场需求结合，以更快地转化技术成果为生产力，拓展业务向高附加值环节延伸，实现企业升级。同时，美元的强势地位，为其吸引全球高质量生产要素和低成本产品提供了得天独厚的条件，为本国产业升级注入了所需的技术、人才等高端要素。

第三节 印度经验：优先发展服务业的
产业转型升级

一、印度产业转型升级的历程

印度抓住 20 世纪 90 年代信息革命和服务业国际转移的机遇，充分发挥本国高质量、低成本的人力资源、语言、地理位置等优势，通过承接服务外包推动本国服务业发展，促进服务出口，走出了一条不同于工业发达国家的优先发展服务业的产业升级之路。印度产业转型升级主要由服务外包来带动，尤其是软件的外包，发展历程沿着现场项目模式、软件低端外包、离岸服务外包、全球服务外包、离岸与在岸协调发展五个阶段，如图 6-2 所示。

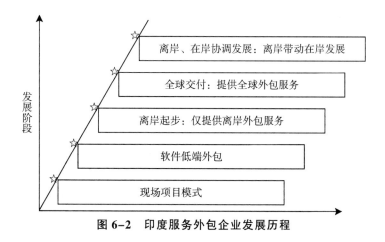

图 6-2　印度服务外包企业发展历程

（一）服务外包萌芽阶段：现场项目模式（1984 年前）

20 世纪 80 年代以前，印度国内对 IT 服务等产业实行保护主义政策，对外资进入的管制也比较严格。为克服这些限制，这一时期，印度本土企业主要采用现场项目模式，即派本国企业的软件编程人员到海外，根据外国客户的要求并使用其提供的设备，进行软件程序系统的安装。这种模式是印度服务外包最早的萌芽形式，企业通过在海外接触不同的软件技术平台，积累了多方面的软件编程经验，但许多派出去的海外人员会选择留在国外，对国内的软件技术溢出效应较小。

（二）外资进入和软件低端外包（1985~1991 年）

20 世纪 80 年代中期，西方发达国家计算机的普及与互联网的兴起，推动了定制软件及计算机网络系统的广泛运用。1984 年，拉吉夫·甘地新总理上台，提出了一系列新政策，放宽了软件与硬件的进口限制，在税收、许可证、银行贷款等方面给予了软件进出口企业很大优惠，鼓励软件出口，扩大了国内计算机、电子等部门对外资的开放，并规定外资企业可在本国设立拥有独立股权的企业。同时，印度政府开始设立软件园区，在园区内构建完善的基础信息设施。印度低成本、高质量的人力资源加上政府提供的自由化软件政策吸引了大批外资企业进入印度软件园。跨国公司出于降低成本的动因，将软件编程等较易打包的业务委托给印度企业来做。除低成本劳动力、语言文化等优势外，印美12小时的时间差使得美国企业将部分业务外包给印度企业，实现了24小时为客户服务的便利。软件外包成为印度软件企业的主要业务模式，软件企业凭借早期积累的经验与良好声誉稳步发展。1984~1990年，印度软件园区内软件企业由30多家增长到了600多家。

（三）离岸服务外包（1992~1999年）

20世纪90年代，纳拉辛哈·拉奥新总理上台，对印度经济体制进行全面改革，包括降低公营经济垄断，推动私营经济发展，降低进口限制，鼓励出口，完善外资引进政策等。这些政策与制度的改革使得印度市场经济自由化和对外开放程度不断提升。同时，印度政府不断致力于完善印度软件技术园的基础设施信息建设，尤其是卫星通信的链接为软件企业开展离岸外包提供了便利的条件。1995年，美国通用电气公司在印度建立自有设备中心，开展第三方外包，之后越来越多的跨国公司在印度建立业务运营中心，将其作为服务出口平台或将软件开发、业务流程管理等非核心业务外包给印度第三方服务供应商以降低成本。印度软件企业在承接跨国公司软件外包业务中，不断提升出口产品品质和业务经营能力。一些企业采用差异化战略，在专业化领域塑造核心竞争力，不断发展成为印度本土的软件外包大型供应商，如塔塔咨询服务（Tata Consulting Services，TCS）、维布络信息技术有限公司（Wipro）、印孚瑟斯信息技术和商务咨询公司（Infosys）。到20世纪90年代末，离岸服务外包，取代现场项目外包，成为软件企业主要的业务经营模式，在印度软件出口占比中，从20世纪90年代初的30%上升到了21世纪初的近49%，印度逐步发展成为全球重要的离岸服务外包中心。

（四）全球服务外包（2000~2007年）

世纪之交"千年虫"危机为印度软件服务外包带来了新的发展机遇。随着互联网在欧美国家各个业务领域的普及运用，网络庞大而繁杂的数据处理成为最大的难题。印度丰富的高质量、低成本软件技术人才储备及软件系统管理能力，成为欧美国家将软件开发、IT咨询、网络数据管理等ITO业务转包的首选市场。随着软件外包经验的积累及国际渠道的拓展，印度企业将外包业务从 ITO 向 BPO 拓展，开始承接欧美企业发包的整个业务流程，包括企业资源管理、人力资源管理、客户关系维护等。而且，印度本土大型服务供应商，如维布络信息技术有限公司（Wipro）、印孚瑟斯信息技术和商务咨询公司（Infosys）开始拓展海外业务，在其他发展中国家建立运营中心，提供更高端服务，逐步发展成为了"全球服务中心"。

（五）服务外包转型升级，离岸与在岸协调发展（2008 年至今）

金融危机后，欧美市场需求萎缩，对印度提供单一、低端服务外包的中小企业造成一定打击，加上来自其他发展中国家的竞争压力，倒逼印度中小企业转型升级。为抵御过分依赖西方市场的风险，印度软件企业开始加大在岸外包的业务，以离岸发展带动在岸，同时向医疗、金融等高附加值领域拓展业务，由低端的业务流程外包向知识流程外包升级，由成本驱动向技术驱动转型。

二、印度产业转型升级的经验

（一）经济全球化机遇下的正确产业定位

在 20 世纪 80 年代之前，印度政府对本国的产业定位实际也是发展制造业，试图建立本国的高技术产业，而非为别人代工的软件外包产业。但之后，印度走出一条与其他国家不同的，优先发展服务业的产业转型升级路径，给予我国政府最重要的经验是印度政府根据国际环境形势的变化，在发现本国优势产业后，及时进行有效的经济体制改单，并提供完善的产业发展政策和制度环境。20 世纪 90 年代，印度政府为克服国际收支危机，对经济进行全面改革，由计划经济向市场经济转变，为服务外包产业发展提供了更自由和开放的制度环境，尤其是电信业的改革，降低垄断、扩大竞争的政策以及互联网通信设施的建设大大降低了软件外包企业的成本。与此同时，印度电子部设立技术软件园，在园区内为中小企业提供完善的信息技术设备、一站式服务机制及税收、许可证等方面的自由政策，对推动中小软件外包企业的发展起到了关键的作用。之后，世纪之交"千年虫"危机为印度外包企业提供了难得的发展机遇，许多企业在承接欧美国家大量外包业务过程中积累经验，逐步发展成为了大型服务供应商。维布络（Wipro）、印孚瑟斯（Infosys）等大型外包企业抓住经济全球化机遇，积极拓展海外业务，在其他发展中国家建立运营中心，提供更高端服务，建立"全球服务中心"。这些大型企业在国内发展到一定规模，适时地选择"走出去"，整合利用全球资源，为我国企业对外投资，进入国际市场提供了重要的经验。

（二）重视高等教育和人才的储备

印度服务外包发展成功的首要因素是其高质量、低成本的丰富人力资源储备。这归功于印度政府多年来对高等教育及人才培养的重视。自 1947 年，印度独立后，印度政府一直致力于培养兼备专业技术及语言技能的高复合型人才，将财政收入的很大比例分配于教育体系。在 20 世纪 80 年代到 90 年代，印度公共教育支出占 GDP 的比重已达 3%，且在政府制定的"五年计划"中，提出将公共教育支出占比每年提升 0.5%。印度的许多大学在世界排名中名列前茅，如印度理工学院，每年培养出大量的 IT 精英人才，在大型跨国企业工作，为维布络信息技术有限公司、印孚瑟斯信息技术和商务咨询公司等输送源源不断的专业软件技术人才。而且，印度大学的教育注重技术理论与实践运用的结合，许多大学在印度软件园周围设立，根据企业需求，有针对性地培养专业技术人才，设置的课程等教学内容及时跟进全球产业变化趋势及企业的发展，同时方便软件园企业就近获取企业所需要的人才，达到供需匹配。另外，印度历史上是英国的殖民地，在学习英语方面有先天优势，且与西方文化比较兼容，这些因素促进了印度高等人才的丰富供应与离岸服务外包的快速发展。

（三）知识产权保护等制度环境的完善

印度是信息技术服务外包大国，知识产权保护对本国服务外包发展的重要性不言而喻。在 20 世纪 90 年代初，印度也曾盗版猖獗，自此印度政府开始重视知识产权的保护，完善在版权、专利、设计、商标等方面的立法保护。1994 年，印度政府对版权法做了首次修改与完善，以《与贸易相关的知识产权保护协议》为依据，规定了计算机软件、著作等保护范围、使用限制、使用权利与责任等，使得印度版权法在当时成为最与国际惯例接轨的法例之一。之后政府又对版权法作了多次修订，将版权法保护范围扩展至所有WTO 成员，并规定违反者将受到刑事或民事处罚。与此同时，政府在《信息技术保护法》《著作法》《专利法》等中都规定了知识产权保护条例。政府除制定严格的法律保护外，还成立了知识产权保护相关机构，如信息技术部，用以对软件使用标准测试和质量认证，以及传授知识产权保护法律知识的教育机构等。此外，印度软件与服务行业协会也协助政府开展知识产权保护宣传活动，建立盗版活动举报热线，并对举报者给予高达 50 万卢比的奖励，这些活动唤起了印度民众保护知识产权的积极热情与意识，在国内形成了良好的知识产权保护氛围。2003~2007 年，印度盗版率下降了 12 个百分点，增加了 4.9 万个就业机会，GDP 新增了 22 亿美元。在国内对知识产权严格保护的基础上，印度政府在国际上与其他国家进行知识产权技术合作，就知识产权保护问题开展对话与协作，签订谅解备忘录，以解决离岸业务中的知识产权纠纷。

（四）中间行业协会的支持

印度软件与服务行业协会（NASSCOM）在推动印度服务外包发展中起到重要作用，是联系政府与企业，企业与市场的重要公共服务平台。它自1988 年成立初的 38 个会员，规模不断发展壮大，到目前已发展成为拥有1100 多名会员的全球性贸易组织，会员包括美国、欧洲、中国、日本等国家的大型跨国公司。NASSCOM 在推动印度软件外包发展中主要发挥四个作用：

第一，推进政府政策的改革与实施。20 世纪 90 年代的电信改革在印度软件与服务行业协会的推动下，实现了电信业的私有化与全面开放，解决了软件企业网络连接的难题，大大降低了软件外包企业的运作成本。

第二，推动政府知识产权保护立法，协助政府开展知识产权保护活动。印度软件与服务行业协会推动政府制订与修改版权法、专利法等，并积极开展知识产权保护宣传活动，建立盗版活动举报热线，并对举报者给予高额奖励，唤起了印度民众保护知识产权的积极热情与意识，在国内形成了良好的知识产权保护氛围。

第三，协助企业进行信息沟通、项目对接、人才培训和市场开拓。NASSCOM 建立服务外包发展论坛和外包网站，发布全球服务外包发展趋势，请外国行业协会来和企业一对一进行项目对接；建立会展，把买家与卖家组织起来，构建双方顺畅的沟通渠道，带领企业去外地或国外考察，协助企业进行市场开拓；邀请专家开展外包知识讲座，对企业进行服务贸易知识的培训，接轨国际思路。

第四，建立督查制度和统计检测点，协助政府完善服务贸易数据统计。

第四节　国外产业转型升级对我国的启示

纵观国际上产业转型升级的历程，可以找出与我国产业发展有许多相通之处。综合看，日本政府主导型、美国基于内需市场和全球化战略及印度优先发展服务业的产业转型升级经验给我国产业转型升级的主要启示有五方面。

第一，重视培育高端要素。人才、科技、基础设施等都是影响一国竞争力的重要供给要素。一国如果拥有高端要素的绝对比较优势和相对比较优势，就可以通过不完全竞争的垄断优势，制定垄断价格，生产和提供高附加值的产品及服务而获得经济收益，世界各国的竞争战略也都侧重于培育这些要素。事实证明，各国都在竞争战略中加大教育投入，增加人力资本存量，并高度重视科技产业发展，将科技创新作为国家竞争的关键所在。

第二，重视增强企业素质。企业是一国产业向全球价值链高端升级的微观主体，企业素质的高低直接影响企业竞争力的强弱并反映一国产业竞争力的强弱。从各国的国家竞争战略看，无论是发达国家还是新兴工业化国家都特别注重本国的企业素质，都在不断改善企业生存和发展的市场和创业环境，制定相应政策和提供财税支持，鼓励和引导企业提升自身竞争力并参与国际竞争，拉动一国产业升级。

第三，重视参与全球竞争与合作。全球联系比本地联系更重要，参与全球价值链是提升自身能力和获得升级的重要途径。在全球一体化的趋势下，各国都通过制定竞争战略确定核心竞争领域，寻找自身在全球竞争中的位置。同时，各国在竞争战略中也都充分意识到合作的重要性，提到要结合自身实际，促进国家主体之间互动交流，通过实现有效密切的国际分工合作来体现自身的国家竞争力。

第四，重视完善公共制度体系。公共制度是对主体交往的规则安排。对于企业和高端要素而言，规则安排的差异会产生不同的结果。良好的制度和实施机制可以有效降低交易成本，提高交易的效率，从而形成更高的经济增长率，推进产业升级。

第五，重视中间行业协会的信息桥梁作用。行业协会作为集体组织在协调全球购买商、国外贸易商与本国制造商之间的关系，维护本国产业利益方面扮演着不可或缺的角色，因此也是促进产业升级的重要组织要素。行业协会及时向企业和政府发布商品国际市场的动态、信息、统计、分析等行业性资料，引导企业正确认识市场，并将企业意愿及时反馈政府，配合政府建立预警监测、产业协调、进出口管理和调节机制。同时，行业协会充分利用与国外同业组织的关系加强沟通，帮助企业应对贸易壁垒，积极推动企业开展标准认证工作。所以，我国行业协会要提高自身素质和服务水平，学习国际先进管理经验，促进行业健康发展，积极发挥中间组织作用。

第七章　全球价值链对全球产业格局和贸易格局的影响

第一节　全球价值链对全球产业格局的影响

随着经济全球化与信息技术的快速发展，国际分工深化与全球产业转移推进全球价值链空间布局不断调整，企业生产组织方式不断发生新的变革。

一、全球价值链与全球产业转移

（一）全球产业转移

从 20 世纪 50 年代开始，全球发生了三次产业转移，主要是发达国家制造业向发展中国家的转移；20 世纪 90 年代末至今正在经历的第四次全球产业转移，主要是国际服务业尤其是生产性服务业向发展中国家的转移，且由于我国东部土地、劳动力等生产要素成本的上升，生产制造环节向我国西部及其他东南亚国家转移，如表 7-1 所示。

表 7-1　全球产业转移基本路径与演化趋势

时间	产业转移	基本路径
20 世纪 50 年代	第一次产业转移	美欧向日本转移劳动密集型轻纺工业及重化工业
20 世纪 60 年代中期	第二次产业转移	日本向"亚洲四小龙"转移劳动密集型产业

续表

时间	产业转移	基本路径
20 世纪 80 年代中期	第三次产业转移	"亚洲四小龙"承接发达国家转移的资本、技术密集型产业，向东盟及我国东南沿海地区转移劳动密集型产业
20 世纪 90 年代	第四次产业转移	发达国家服务业尤其是生产性服务业向发展中国家转移，我国东南沿海劳动密集型产业向西部及东南亚国家转移

资料来源：作者整理。

1. 制造业转移

前三次全球产业转移路径依次是 20 世纪四五十年代，美国等发达国家将劳动密集型轻纺工业及重化工业转移到日本和西德，而集中力量发展半导体等资本、技术密集型产业；到 20 世纪 60 年代中期，日本和西德国家劳动力成本上升，其将劳动密集型产业转移到"亚洲四小龙"，而重点发展资本密集型及部分技术密集型产业；到 20 世纪 80 年代中期，伴随着全球范围内的产业重组和结构调整，"亚洲四小龙"抓住机遇，由承接发达国家的劳动密集型产业向资本、技术密集型产业过渡，并将劳动密集型产业向东盟及我国东南沿海地区等发展中国家转移。前三次全球产业梯度性转移推动了发达国家与发展中国家基于全球价值链垂直分工格局的形成。发达国家以跨国公司为中心，集中核心竞争力于高新技术研发及新产品品牌构建等价值链高附加值环节，在全球产业结构调整中占主导地位；"亚洲四小龙"承接发达国家转移的资本及一般技术密集型产业，逐步实现了产业升级；我国东部沿海地区抓住了劳动密集产业转移的机会，发挥比较优势，成为了世界制造中心。

2. 生产性服务业转移

20 世纪 90 年代以来，在第三次科技革命的推动下，国际服务业尤其是生产性服务业成为新一轮全球产业转移的新趋势。机器设备自动化及流水线生产使得加工制造环节变得相对简单，而技术研发、信息服务、金融、物流、品牌构建及价值链管理等生产性服务环节越来越成为全球价值链增值的主要部分。跨国公司全球化研发需要相关的生产性服务与技术创新投资配套发展，于是带动一些高附加值的知识密集型服务产业，如信息生物技术、集成电路设计、新材料研发、软件等通过海外直接投资或离岸外包方式向发展中国家转移。离岸外包指跨国公司将非核心业务外包给海外专业供应商，其主要是看重供应商国家的低生产成本，以抵消跨境交易成本。印度软件外包产业的发展使其成为"世界办公室"。另外，随着我国土地、劳动力等生产要素成本的上升，劳动密集制造环节逐步向我国西部及其他东南亚国家转移。为避免制造业"空心化"，我国要加快承接国际生产性服务业转移，以嵌入制造业价值链，改造传统制造业，发展先进制造业。目前，我国在承接国际生产性服务业转移方面有些滞后，这与我国服务业开放度低，上下游产业关联度低等因素有关。生产性服务业尤其是知识密集型服务业发展滞后严重制约着我国产业结构转型升级。

（二）全球产业转移新特点

1. 外包成为全球产业转移主要方式

经济全球化、贸易与投资自由化及信息通信技术的发展使得价值链各环节在全球范围内有效分离成为可能，加速了全球价值链分工体系的形成。在全球价值链分工体系下，一国或一个企业的竞争优势不但体现在其是否占据了全球价值链的战略环节，而且随着价值链的深化分解，竞争优势更体现在对价值链条各环节的系统整合能力方面。所以，跨国公司生产组织方式由之前纵向一体化的垂直层级管理体系转变为横向一体化的归核化经营管理，即将自己的核心能力集中在产品研发、营销等高附加值战略环节，而将非核心制造等环节外包给更具比较优势的发展中国家企业生产。外包产业转移方式使跨国公司逐渐转型成为了掌握核心技术的系统集成商、品牌商，而发展中国家企业凭借低劳动成本优势进行贴牌生产，成为了加工制造环节的专业化接包商和供应商。除非核心制造环节外包外，随着全球价值链分工细化和市场经济的发展，原来由企业内部提供的生产性服务职能部门，如信息技术研发服务、融资租赁服务、人力资源管理服务、市场营销服务，也逐步从企业中分离出来，发展成为专业化独立服务供应商，推动了服务外包的发展。

2. 由自上而下的单向转移向双向转移转变

从 20 世纪 50 年代起发生的全球前三次产业转移都是自上而下的单方向转移，由发达国家将劳动密集型产业转移给发展中国家。20 世纪 90 年代末至今正在发生的第四次全球产业转移呈现出双向转移的新特点。一方面，随着我国东部沿海土地、劳动力等生产要素成本的上升，劳动密集制造环节逐步向我国西部以及劳动成本和资源价格较低的缅甸、印度尼西亚和越南等东南亚国家转移；另一方面，金融危机后，美国、欧洲等发达国家提出"再工业化"发展战略，促使一些制造业向发达国家回流。发达国家正在试图通过生物、信息等新技术改造传统产业，并加大新兴产业的技术研发投资，以培育以高端制造业和新兴产业为支撑的现代工业体系而重建实体经济。

3. 产业链式迁移形成全球"大区域分散，小地域集聚"的分布特征

全球价值链各环节分散在全球各个地方生产，但各个地方承接的全球价值链环节又呈现出产业集聚的特征，形成全球"大区域分散，小地域集聚"的分布格局。由于某个环节的生产需要其他上、下游产业链环节配套产业的协助，企业生产过程某个环节的转移会带动其配套供应商的跟进，从而形成了以特色产业为主导、配套产业集聚及行业协会、科研机构、中介服务机构等有效分工合作的完整产业链，实现了集聚经济和规模经济效应。如日本松下电器产业株式会社在杭州建立的松下电器杭州工业园，是松下在海外投资的最大生产基地。松下电器合资公司的成立带动了为其提供配件的 12 多家供应商也迁移到了杭州，实现了降低成本和资源、技术及市场共享，提高了产业集群竞争力的效应。

二、全球产业结构变化的新特征

（一）全球产业结构演变新趋势

随着信息、生物等新一轮技术革命的推动，全球产业结构进入调整重组

的关键期。发达国家受到金融危机和欧债危机的重创，产业发展重心由虚拟经济转向了实体经济，美国提出"再工业化"战略，德国提出"工业4.0"。但发达国家制造业的回归，绝不是简单的重复建设，而是通过互联网、人工智能等新技术改造传统制造业，发展制造业中的领先技术行业，建立高附加值的先进制造业。另外，全球经济发展对"低碳经济"和"绿色增长"的要求，促进了新能源、新材料等新兴产业的发展。先进制造业与战略性新兴产业的结合正在重塑全球产业结构新格局。同时，全球产业竞争新规则也在重塑。随着全球市场开放度的不断提高，市场要素流动性的加快，贸易与投资自由化程度的提高，区域合作越来越紧密，发达国家规则制定焦点集中在知识产权、绿色标准、竞争政策等制度层面。

全球产业结构调整呈现出三方面的特征：第一，产业融合。制造业的发展离不开信息、软件、电子商务等先进服务业的支持，新技术的渗透使得产业间相互依赖，产业间边界越来越模糊，产业间的市场和技术重合度越来越高。第二，产业集群。全球价值链某个环节的转移会带动其他上、下游产业链环节配套产业的跟进，从而形成以特色产业为主导、配套产业集聚及行业协会、科研机构、中介服务机构等有效分工合作的完整产业链。第三，新兴产业。低碳、节能等环保要求将推动新能源、新材料、生物等新兴产业成为主导产业，建立高效利用能源的绿色生态经济体系。

（二）全球价值链生产组织方式新趋势

20世纪80年代，企业的生产方式是垂直一体化，即从产品的设计、生产、销售到售后都在企业内部完成。20世纪80年代后期，出现了微软、戴尔等企业采用的水平型生产方式，即两个或多个相似的企业，专业化于全球价值链某个节点的业务，根据互补或互惠原则，为完成特定阶段性功能而进行的合作。水平型生产方式下，企业间竞争的焦点由整条价值链竞争转向价值链核心环节及链条系统管理能力方面的竞争。

在互联网、云计算、大数据等新技术的运用下，企业运营组织方式及制造流程发生新的变化，主要表现在：

第一，模块化生产。模块化是将生产系统分成许多独立的子模块，通过设定标准界面，按照特定的规则，借助计算机、人工智能、互联网等技术，这些子模块可以在不同场所根据不同要求与其他分模块灵活组合装配，形成最终系统，其包括产品模块化和技术模块化。模块化生产实质是共享标准化的技术，将隐性知识显性化的过程。它使得企业可以根据客户的需求为其在较快的时间内提供定制化产品，生产更加灵活，协调成本减少。如戴尔电脑公司将生产零部件等业务外包，而集中发展供应链管理和客户关系维护等核心业务，其根据消费者要求在36小时之内会把高度集成化的模块组合好，1周内消费者会收到货。而其他电脑公司，需要经过代销等中间商，产品从制造到到达消费者手中至少需要6周。

第二，服务化。随着服务环节利润率的提升，越来越多的制造业将其主营业务转向发展附加值高的生产性服务。服务与制造业的融合成为制造业企业提高其竞争力和增加收入的重要来源。如美国通用电气公司曾主要生产电器和电子设备，现在是全球最大的技术和多元服务企业，其在100多个国家和地区不断开拓新业务，服务业务范围包括能源、医疗、商务融资、高新材料、设备服务、保险等领域，服务占到其利润总额的85%。

第三，虚拟化。在外包生产方式的推动下，企业核心价值来源越来越集中在品牌、研发、供应链管理、销售渠道开拓、客户关系维护等虚拟业务上。跨国公司的主要业务功能也逐渐虚拟化，除了控制技术标准、品牌、销售等核心业务外，其他业务都外包给专业供应商，并通过互联网技术协调顾客、供应商、代销商等分工参与者的利益，不断提高其整合全球生产网络的能力。

第二节　全球价值链对全球贸易格局的影响

一、中间品贸易在总贸易额中的比重提升

自 1980 年以来，通信技术的发展降低了运输和协调成本，产品生产过程在全球范围内的分离程度不断提升。根据各国禀赋优势，产品生产过程的各个环节被分配到符合其禀赋要求的相应国家，每个国家专业化于特定的阶段进行生产。基于产品生产环节进行的全球价值链分工，扩大了国家间生产与贸易的联系，使当今全球贸易格局产生了深刻变化，中间品贸易在总贸易额中的比重显著提升。从 1996 年到 2012 年，除 2009 年受金融危机影响，零部件贸易额略有下降外，其余年份零部件进口额大幅增长，如图 7-1 所示。

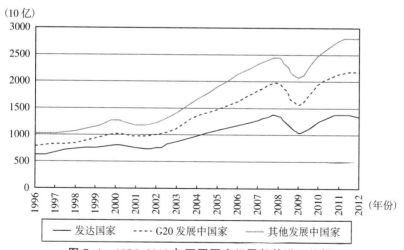

图 7-1　1996~2012 年不同国家组零部件进口总额

资料来源：联合国商品贸易数据统计库，WTO 秘书处。

备注："零部件"按标准国际贸易分类（SITC）定义；"其他发展中国家"也包括只占很小份额的欠发达国家；G20 发展中国家包括阿根廷、玻利维亚、巴西、智利、中国、古巴、厄瓜多尔、埃及、危地马拉、印度、墨西哥、尼日利亚、巴基斯坦、巴拉圭、秘鲁、菲律宾、南非、坦桑尼亚、泰国、乌拉圭、委内瑞拉、津巴布韦。

1996~2012 年，零部件进口额在总进口额中的占比稳定在 25%~29%。图 7-2 说明了 1996~2012 年，不同国家零部件进口额在世界中间品总进口额中的占比随时间的变化。1996 年，发达国家占据了世界中间品进口总额的 2/3，但到 2012 年，占比下降到不到总额的一半。发达国家中间品贸易占比的下降主要是由于 G20 发展中国家中间品进口额的增加。中国是 G20 发展中国家中，零部件贸易份额增加的主要动力，其贸易额增加了 5 倍，从 1996 年的 3% 增长到 2012 年的 15%。欠发达国家零部件进口份额占世界中间品进口总额极其小，几乎可以忽略。

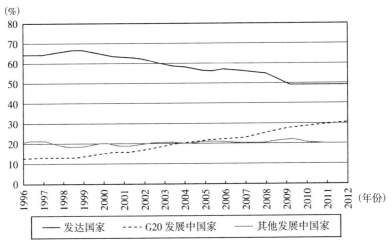

图 7-2　1996~2012 年不同国家组零部件进口额在世界中间品总进口额中的占比
资料来源：联合国商品贸易数据统计库，WTO 秘书处。

中间品贸易在总贸易额中比重的上升反映了全球价值链分工下国际贸易的新特征。传统按贸易总额统计的方法多倍计算了全球生产网络下中间品的价值。如国家 A 将 100 单位价值的中间品出口给国家 B；国家 B 进一步加工中间品为最终品，并以 110 单位的价值出口给国家 C。这些国家的总贸易额记为 210 单位的价值。实际上，价值增值仅仅是 110 单位。因为国家 A 生产了 100 单位的价值，国家 B 仅仅生产了 10 单位，即区别在于 110 单位最终品的价值和生产中使用的 100 单位的中间品的价值。传统计算显示国家 C 相对国家 B，产生了 110 单位的贸易赤字，且与国家 A 没有贸易往来。而按价值增值统计来看，国家 C 与国家 B 的贸易赤字降为 10 单位，而与国家 A 的贸易赤字为 100 单位。

OECD 和 WTO 制定新的贸易增值数据库来计算全球价值链参与指数。Koopman 等（2010）提出全球价值链参与指数，其通过直接出口中的对外增值份额和间接出口中的国内增值份额计算，包括后向参与指数与前向参与指数。后向参与指数指本国出口中所包含的从第三国进口中间品的价值；前向参与指数指第三国出口中使用的本国生产的原料的价值。表 7-2 显示了1995~2009 年世界各国的全球价值链参与指数，可以看出，发展中国家参与全球价值链的程度在逐步加深。2009 年，发展中国家总出口额的 51% 与其参与国际生产网络相关。2008 年，居于全球价值链参与度前三的是中国台北、新加坡和菲律宾，而 1995 年前三是新加坡、马来西亚和中国香港。近几年，印度、中国、韩国、中国台北和菲律宾，全球价值链参与度提升最快。

表 7-2　全球价值链参与指数

国家＼时间	1995 年	2000 年	2005 年	2008 年	2009 年
所有国家	39.8	46.2	51.0	51.9	48.5
发达国家	39.6	46.3	49.9	50.7	47.2
发展中国家	40.5	45.9	53.5	54.4	50.9

资料来源：TiVA 数据库。

注：发达国家包括：澳大利亚、加拿大、欧盟（塞浦路斯除外）、日本、挪威、新西兰、美国。发展中国家及地区包括：阿根廷、巴西、智利、中国、中国香港、印度、印度尼西亚、以色列、韩国、马来西亚、墨西哥、菲律宾、沙特阿拉伯、新加坡、南非、中国台湾、泰国、土耳其、越南。参与指数计算中也包括了哥伦比亚和俄罗斯。

由全球价值链参与指数概念可知，两个国家可以有相似的全球价值链参与指数，但其在全球价值链中的位置会有很大差异，区别在于其是专业化于生产的上游还是下游阶段。Koopman 等（2010）提出全球价值链位置指数以显示一国专业化于生产的哪个阶段。如果一国是前向参与，即专业化于生产的上游阶段，其可以获得很高的价值。如果一国是后向参与，即专业化于生产的下游阶段，很可能其进口许多中间品，所以有很高的参与度，但相对前向联系，其在全球价值链中获得的价值较少。

图7-3说明了总出口中不同的增值部分。图中表示国家A和B间贸易的黑色实体箭头反映了国家A国内创造的价值直接出口到国家B。开始于国家A，结束于国家C的绿色箭头表示国家A创造的价值，包含在国家A向国家B的出口中，并由国家B进一步加工再出口到国家C。它表示间接出口到国家C的国内增值。实体蓝色箭头指国家A的国内增值通过融入国家B的产品中再次出口。蓝色虚线箭头，开始于国家B，止于国家A，代表一国的对外价值增值，在一国出口中体现。它计算从国家A到国家B的出口价值。因此，它反映了出口中的进口内容。

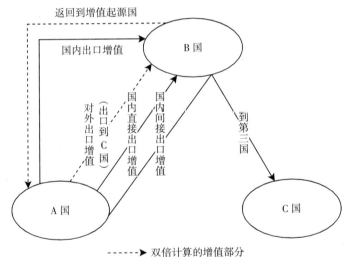

图 7-3　总出口中的增值内容

资料来源：WTO秘书处。

通过实例可以理解这些概念。假设国家A开始将轮胎出口到国家B。如果国家A从第三国进口橡胶，则国家A向国家B出口的轮胎中包含的橡胶价值，是国家A向国家B出口额中的对外价值增值。如果这些轮胎被B国用来生产汽车，并进一步出口到国家 C，国家 A 轮胎生产中的增值沿着三角绿色箭头，开始于国家 A，到国家 C。而如果 B 国从 A 国进口轮胎，并生产汽车在本国消费，则轮胎的价值属于直接出口的国内增值（从 A 国到 B 国的实体蓝色箭头）。最后，如果 B 国生产的汽车出口到了 A 国，A 国轮胎生产的增值则属于再进口的一部分。

二、南南贸易在全球价值链中的作用提升

之前的全球价值链文献集中研究南北贸易。而近几年数据显示，发展中国家间的贸易在全球价值链中占据的份额在增加。发展中国家零部件贸易额从 1988 年的 6% 提升到 2013 年的近 25%，尤其是 G20 发展中国家在全球价值链中的作用越来越突出。这个增长并不是说发达国家和发展中国家间的贸易在全球价值链中的重要性下降了。1998~2013 年，发达国家和发展中国家间的中间品贸易份额从 30% 增长到了 40%，而发达国家间的中间品贸易额下降了近一半（OECD-WTO TiVA 数据库）。发达国家和发展中国家间中间品贸易份额的提升主要是由于发达国家和 G20 发展中国家间在全球价值链活动中的联系越来越紧密。G20 发展中国家对全球价值链中其他发展中国家的贡献也在增加。1995~2008 年，G20 发展中国家从国外进口许多原料，其促进了所有发展中国家的出口。相比之下，发达国家对 G20 国家和其他发展中国家的出口只贡献了较少份额。

在 FDI 方面，发展中国家持有国外 1.8 万亿美元的对外直接投资（Kharas & Rogerson，2012）。目前，流向发达国家的许多投资正在转向发展中国家。发展中国家逐渐变成南部 FDI 的主要增长源。马来西亚、中国、印度、法国和美国是 2013 年非洲的前五大投资国（UNCTAD，2013b）。Bera 和 Gupta（2009）认为，从印度的情况看，来自发展中国家的 FDI 与发达国家的 FDI 越来越占同等重要的位置。

三、服务贸易在全球价值链中的作用提升

全球价值链中的服务贸易以两种方式发生：第一，服务在国家之间直接贸易，但贸易程度低于商品贸易。第二，间接服务贸易，指服务被整合或捆绑在商品中，作为商品生产的中间品被间接的交易。例如，国内工程承包、物流服务和金融服务作为汽车生产的一部分被间接出口。

2012 年，全球价值链内服务贸易占发达国家出口的 16% 且比发展中国家高 10%。中国香港、新加坡和印度占的份额较高，分别是 50%、26% 和 17%（OECD–WTO TiVA 数据库）。对于大多数发展中国家及地区来说，全球价值链内服务贸易在增长，但在总数中占据的份额仍较小。制造品贸易仍是全球价值链贸易的主体，集中在电子设备、化工产品和矿物部门等。

随着服务在制造业中占比的提升，制造业服务化趋势越来越明显。图 7-4 说明了全球价值链各个生产阶段包含的服务。增值贸易统计方法通过计算间接服务出口，很好地反映了制造业服务化现象。2012 年，制造业出口中的服务增值占了发达国家制造业出口的 1/3（32%），高于发展中国家的 26%。在发展中国家及地区中，印度占 36%，中国香港占 34%，制造业出口都包含很高的服务成分（OECD–WTO TiVA 数据库）。1995~2008 年，发展中国家及地

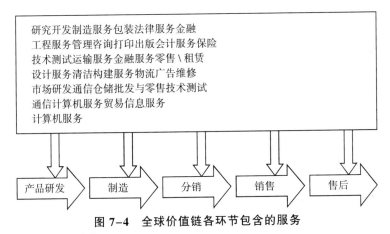

图 7-4　全球价值链各环节包含的服务

资料来源：WTO 秘书处。

区制造业出口中的对外服务份额在不断增长。这些间接出口的服务主体通常是中小企业，其专业化于特定的市场，作为为跨国公司提供直接或间接服务的供应商，参与全球价值链。制造业出口中的高服务增值份额强调了发展中国家及地区进口服务中间品和国内服务中间品对制造业出口竞争力提升的重要性。服务贸易改革影响国外和国内制造业出口的增值内容，对提升企业竞争力很关键。

评估全球价值链内间接服务贸易的方法是看离岸服务，指将服务活动从国内迁到国外。因此，离岸服务包括了独立供应商的活动（源于离岸外包）和国外附属公司内活动（源于对外直接投资）。传统贸易数据不统计有关离岸服务的贸易流量，相比货物，没有区分中间服务和最终服务。而离岸服务用来平衡信息技术和其他商务服务业的收支。2005~2012 年，在这些项目的总出口中，发展中国家的份额从 25%增加到了 31%左右，说明发展中国家服务业的相对竞争优势和服务业在全球价值链中的占比提升（OECD-WTO Ti-VA 数据库）。随着信息技术的发展，离岸服务对市场邻近的要求降低。其他因素，如语言、IT 相关技术、人员教育程度、ICT 基础设施、商业环境和政府支持，对于发展中国家进入并攀升价值链来说是关键的因素。另外，服务贸易壁垒下的高贸易成本阻碍服务充分发挥其贸易潜力。基于外部对内部贸易比率计算双边贸易成本，Miroudout 等（2013）发现，相比商品贸易，服务贸易成本高很多。

第三节　本章小结

全球价值链分工体系的出现对全球生产和贸易产生了重大影响，引起了全球产业格局的重塑。

首先，研究全球价值链分工背景下，全球产业格局的变化及未来演进趋势。从 20 世纪 50 年代开始，全球发生了三次产业转移，主要是发达国家将制造业向发展中国家转移；20 世纪 90 年代末至今正在经历的第四次全球产业转移，主要是国际服务业尤其是生产性服务业向发展中国家转移，且由于我国东部土地、劳动力等生产要素成本的上升，生产制造环节向我国西部及其他东南亚国家转移。第四次全球产业转移呈现出新的特点：外包成为全球产业转移主要方式；由自上而下的单向转移向双向转移转变；产业链式迁移形成全球"大区域分散，小地域集聚"的分布特征。随着新一轮工业革命的到来，美国提出"再工业化"，德国提出"工业 4.0"，我国提出工业化与信息化"两化融合"及"中国制造 2025"，全球产业结构进入调整重组的关键期，呈现出了产业融合、产业集聚和发展战略性新兴产业等新特征。企业生产组织方式也向模块化、服务化、虚拟化和智能化方向发展。全球产业格局及产业结构新变化的分析为我国在嵌入全球价值链背景下，进行产业升级，提供了重要方向。

其次，研究全球价值链分工对国际贸易格局的影响，包括中间品贸易在总贸易额中的比重提升；南南贸易在全球贸易中所占份额提升；服务贸易在全球价值链中的作用提升。这些新变化清晰的揭示了传统贸易统计方法已不能真实反映一国在全球价值链分工体系下所获得的利益，迫切需要提出新的与全球价值链分工相符的贸易统计方法。

第八章　全球价值链下中国产业转型升级的路径

第一节　全球价值链下中国产业转型升级的现状

一、产业间结构转型升级现状

我国产业间结构转型升级趋势与配第—克拉克定理、库兹涅茨产业结构升级理论相符，即随着经济工业化程度的提升及人均国民收入的增加，三大产业增加值占国内生产总值的比例及就业占比会逐渐向第三产业转移。表8-1显示了我国1978~2013年三次产业在国内生产总值和就业人数中的比例分配，图8-1和图8-2显示了我国三次产业在国内生产总值和就业人数中比例分配的变化趋势。自1978年改革开放以来，我国三次产业间结构转型升级速度较快，2013年我国第三产业占国内生产总值比重比1978年提升了22.16个百分点，占就业人数比重比1978年提升了26.3个百分点；而2013年我国第二产业占国内生产总值比重比1978年下降了3.98个百分点，占就业人数比重比1978年提升了12.8个百分点。

表 8-1 1978~2013 年全国三次产业在 GDP 与就业人数中的构成

单位：%

年份	GDP 构成			就业人数构成		
	第一产业	第二产业	第三产业	第一产业	第二产业	第三产业
1978	28.19	47.88	23.94	70.5	17.3	12.2
1979	31.27	47.10	21.63	69.8	17.6	12.6
1980	30.17	48.22	21.60	68.7	18.2	13.1
1981	31.88	46.11	22.01	68.1	18.3	13.6
1982	33.39	44.77	21.85	68.1	18.4	13.5
1983	33.18	44.38	22.44	67.1	18.7	14.2
1984	32.13	43.09	24.78	64.0	19.9	16.1
1985	28.44	42.89	28.67	62.4	20.8	16.8
1986	27.15	43.72	29.14	60.9	21.9	17.2
1987	26.81	43.55	29.64	60.0	22.2	17.8
1988	25.70	43.79	30.51	59.3	22.4	18.3
1989	25.11	42.83	32.06	60.1	21.6	18.3
1990	27.12	41.34	31.55	60.1	21.4	18.5
1991	24.53	41.79	33.69	59.7	21.4	18.9
1992	21.79	43.44	34.76	58.5	21.7	19.8
1993	19.71	46.57	33.72	56.4	22.4	21.2
1994	19.76	46.57	33.57	54.3	22.7	23.0
1995	19.86	47.18	32.86	52.2	23.0	24.8
1996	19.69	47.54	32.77	50.5	23.5	26.0
1997	18.29	47.54	34.17	49.9	23.7	26.4
1998	17.56	46.21	36.23	49.8	23.5	26.7
1999	16.47	45.76	37.67	50.1	23.0	26.9
2000	15.06	45.92	39.02	50.0	22.5	27.5
2001	14.39	45.05	40.46	50.0	22.3	27.7
2002	13.74	44.79	41.47	50.0	21.4	28.6
2003	12.80	45.97	41.23	49.1	21.6	29.3
2004	13.39	46.23	40.38	46.9	22.5	30.6

续表

年份	GDP 构成			就业人数构成		
	第一产业	第二产业	第三产业	第一产业	第二产业	第三产业
2005	12.12	47.37	40.51	44.8	23.8	31.4
2006	11.11	47.96	40.94	42.6	25.2	32.2
2007	10.77	47.34	41.89	40.8	26.8	32.4
2008	10.73	47.55	41.82	39.6	27.2	33.2
2009	10.33	46.34	43.43	38.1	27.8	34.1
2010	10.10	46.75	43.14	36.7	28.7	34.6
2011	10.04	46.61	43.35	34.8	29.5	35.7
2012	10.10	45.30	44.60	33.6	30.3	36.1
2013	10.00	43.90	46.10	31.4	30.1	38.5

资料来源：国家统计局. 中国统计年鉴（2014）[M]. 北京：中国统计出版社，2014.

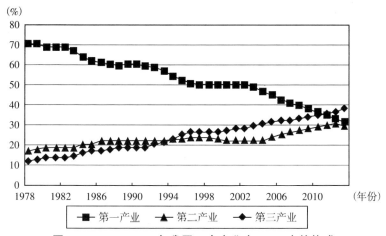

图 8-1　1978~2013 年我国三次产业在 GDP 中的构成

　　我国三次产业结构状况与世界部分国家和地区的产业结构比较，如表 8-2 所示，我国人均收入水平高于印度，但第三产业增值占 GDP 比重却低于印度 11.6 个百分点。巴西、俄罗斯与我国人均收入水平差距较小，但其第三产业增值占 GDP 比重高于我国 20 多个百分点。其他 2011 年人均收入水平均在 2 万美元以上的发达国家，2012 年第三产业增值占 GDP 比重都在 60%~

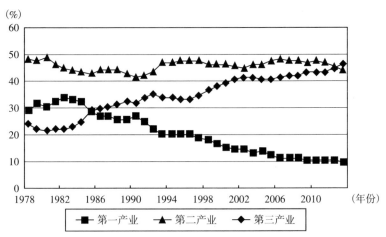

图 8-2 1978~2013 年我国三次产业就业人数的构成

表 8-2 世界部分国家和地区三次产业结构比重

国家和地区	第一产业增值占GDP 比重（%）		第二产业增值占GDP 比重（%）		第三产业增值占GDP 比重（%）		2011 年人均 GDP（美元/人）
	2000 年	2012 年	2000 年	2012 年	2000 年	2012 年	
中国	15.1	10.1	45.9	45.3	39.0	44.7	6807
印度	23.0	17.5	26.0	26.2	51.0	56.3	1499
日本	1.6	1.2	31.0	25.6	67.4	73.2	38492
韩国	4.4	2.5	0.4	38.1	57.5	59.5	25977
新加坡	0.1	0.0	34.8	26.7	65.1	73.3	55802
美国	1.2		23.4		75.4		53143
巴西	5.6	5.3	27.7	26.0	66.7	68.7	11208
法国	2.5	2.0	22.8	18.8	74.7	79.2	41421
德国	1.1	0.8	30.5	30.5	68.4	68.7	45085
意大利	2.8	2.0	27.7	24.3	69.5	73.7	34619
荷兰	2.5	1.7	24.8	24.3	72.7	74.0	47617
俄罗斯	6.4	3.9	38.0	36.7	55.6	59.4	14612
西班牙	4.2	2.5	31.1	25.9	64.7	71.6	29118
英国	0.9	0.7	26.8	20.7	72.3	78.7	39351
澳大利亚	3.4	2.4	26.8	28.1	69.9	69.4	67468

资料来源：国家统计局. 中国统计年鉴（2014）[M]. 北京：中国统计出版社，2014.

80%，我国第三产业发展与这些国家差距较大。

综上所述，自改革开放以来，我国第三产业占 GDP 比重的增长速度明显加快，2013 年第三产业在 GDP 的构成中首次超过第二产业，但与世界部分国家和地区比较，我国第三产业发展还相对滞后。随着我国经济发展和人均收入水平的逐步提升，第三产业在推动我国产业结构转型升级过程中发挥越来越重要的作用，应进一步加强服务业的发展，尤其是生产性服务业。

二、产业内价值链升级现状

改革开放后，我国抓住了经济全球化下发达国家在全球布局产业链的机遇，凭借我国的低劳动成本、土地等优势，有效承接发达国家转移的制造环节，通过代工方式融入了全球价值链，发展成为了全球重要的加工制造基地。20 世纪 70 年代末，由于资金紧缺，我国企业主要采用来料加工方式，按照发达国家的委托进行原料加工或配件组装。80 年代中期后，随着企业的发展，进料加工成为加工贸易主要方式，且企业进行加工的产品附加值不断提升，由劳动密集型产品向资本、技术密集型产品升级，电子、机械产品的加工组装比重提升。劳动密集型产品出口比重由 1992 年的 70% 下降到 2002 年的 23%，而机电和高技术产品的出口比重在 2002 年分别达到 65% 和 34%。

20 世纪 90 年代后，随着我国融入全球价值链程度的加深，外商直接投资的增加，我国企业在为跨国公司代工生产过程中，通过"干中学"，获得产品、流程、技术和标准等各方面能力的提升，大多不再只从事简单的零部件加工组装，而是沿着"加工进口零部件—生产一般零部件—生产核心部件—最终产品出口"的路径在升级。2011 年，我国高新技术产品出口规模占到全国出口总量的 39%，居世界第一，但高新技术产品出口带来的增值率却很低，主要原因是我国高新技术产品生产所需的核心技术、核心部件主要依赖进口，国内价值链延伸较短，高新技术产业关联和外溢效应较弱。目前，随着劳动、土地、资源等要素成本上升的制约，进行简单加工装配的企业利润率不断被压缩，许多企业开始注重一般部件甚至关键部件的生产，进行自主研发创新、设计并创建品牌、拓展海外渠道，但由于核心技术缺乏、自主品牌知名度小、拓展海外市场困难等问题，加上与发达国家跨国公司相比，实力悬殊、竞争力弱，难以突破其核心技术封锁、市场垄断等方面的阻碍，向全球价值链的研发和品牌环节升级较困难。

三、嵌入全球价值链的企业能力升级现状

（一）技术能力

我国企业在融入全球价值链，与跨国公司合作中，获得了学习跨国公司一般技术的机会。

（1）从不同行业技术水平看，我国在劳动密集型行业中，表现的技术水平较高，其中的生产工艺等基本已达到国际标准，但由于国内相关政策不完善，致使我国企业在走出去过程中，在国际标准认证方面遇到阻碍；而我国高新技术行业的技术水平明显落后于外资企业。

（2）从企业性质看，国有企业的技术水平较低，而与跨国公司合作的企业，技术能力获得一定提升，这说明外资企业产生的技术溢出效应较强。

（3）从反映企业技术能力的三个指标：技术来源、技术成果转化、专利申请看。技术来源上，我国企业技术引进占比较高，自主研发技术占比较低，多数企业会从国外购买技术，或与跨国公司合作的企业，会由跨国公司母公司提供技术，然后企业对引进的技术模仿并进行二次创新，这反映了我国原始创新动力不足、基础研究弱、核心技术缺乏等问题；技术成果转化上，由企业自主研发的新产品占比较低，企业与其他机构联合开发的新产品在增多，但由于企业不掌握核心技术，拥有自主知识产权的产品不多；专利申请数目上，与发达国家相比，也相对落后。

（二）管理能力

衡量企业管理能力的两个重要方面是生产运作和管理水平。我国企业在融入全球价值链，为跨国公司代工生产的20多年来，面对全球价值链底部激烈的竞争，企业为获得订单并与领导企业保持长期稳定合作关系，不断从

产品、流程、技术和标准等各方面提升自身管理能力。在生产运作方面，尽管我国企业多从事的是加工生产流水线作业，但企业严格以"零缺陷""六西格玛管理法"等先进管理理念为指导并运用于企业实践。在管理水平提升方面，企业严格以国际标准为目标，很多企业产品获得了ISO9000质量认证体系。随着发达国家对产品安全、绿色环保、劳工标准等的重视，部分企业产品通过了ISO14000环境管理认证体系，有少数企业通过了OHSAS18000职业健康安全管理认证体系等其他认证。可以看出，为满足跨国公司需求，我国企业在产品和服务等各方面，管理能力获得了很大提升，一些大型企业的工艺生产水平实际已经达到了世界一流水平，但由于品牌管理、财务管理等生产性服务管理方面还较落后，加上我国的制度保障不完善等因素，制约着企业的发展。

四、嵌入全球价值链的产业关联与外溢效应升级现状

从国内采购加工产品所需的原料、中间设备，为上下游配套产业的发展创造需求和技术协助，是企业嵌入全球价值链，带来产业关联和外溢效应的直接途径。19世纪七八十年代，由于资金短缺，我国主要采用来料加工的方式，按照跨国公司的委托进行原料加工和原件组装。随着我国企业的发展和贸易总额的提升，企业从来料加工向进料加工转型，并进一步向本国生产一般零部件和核心零部件升级。目前，企业从国内采购原料和设备总量大幅增加，国内价值链不断延伸。但从国内采购的中间品具体比例看，劳动密集型产品占比较大，而增值率较高的资本和技术密集中间品占比较低，且国内采购的多为一般零部件和辅助性技术设备；对于核心零部件和高新技术中间设备，还是需要从国外进口，在关键中间品使用方面，对国外技术依赖性大。影响我国中间品国内采购的因素包括国内中间品技术要求不达标、中间品质量不稳定、供货不及时、中间品价格高、国内采购结转手续繁杂等。其中，中间品技术和质量不达标是主要障碍，所以我国提供上下游配套产品的企业在中间品质量提升和核心技术研发方面要下功夫，并注意提升企业管理水

平，同时需要政府完善相关政策，以延长国内价值链，提升我国参与全球价值链的产业关联和外溢效应。

第二节　全球价值链下中国产业转型升级的主要制约因素

一、要素成本上升和高端人力资本供给不足

金融危机后，我国土地、原料价格、税收、人工成本、融资成本、物流成本的持续增长弱化了我国传统产业的比较优势。一方面致使传统外贸企业出口产品价格上涨，订单减少，出口规模和利润缩减；另一方面致使我国对外资的吸引力下降，美国、日本等发达国家的劳动密集型跨国企业纷纷从中国撤离，转向劳动成本更低的越南等东南亚国家，这表明我国企业依靠传统比较优势进行代工生产的低端全球价值链嵌入路径已难以为继，必须培养高端生产要素来推动我国产业转型升级。

高端生产要素包括知识、人力资本、知识产权及促进科技实力增强的制度、基础设施、大学、机构等。其中，高端人力资本是产生和扩散知识、技能、技术的重要基石，对一国积累高端生产要素，促进产业向资本、技术密集型环节升级起核心作用。高端人力资本比物质资本有更强的增值潜力，它不同于一国先天就可拥有的物质资源禀赋，要靠后天不断培养和积累，教育投资是高端人力资本积累的关键。尽管我国不断加大对高端人才培养方面的教育投资，但高端人力资本供给还相对缺乏。

第一，高级技工、研发人才占比太低，导致我国关键生产环节技术水平不高。据一项调查统计，2013年美国高级技工占其总技术工人队伍的35%，中级技工和初级技工分别占53%和12%，而同期，我国高级技工仅占全国

1.4 亿技术职工的 5%，中级技工比例也仅 37%，而剩余的 58% 是初级技工。我国产品质量不高与高级技工缺乏有很大关系。这归因于我国重知识灌输、轻知识实际运用的教育体制，应加大对高等职业教育的重视，引导高校与企业联合办校。

第二，高级人才供给结构性矛盾突出，人才区域分布、供需不平衡，人才流动性大，许多大学生找不到工作，但同时很多企业也遭遇"用工荒"问题。

第三，有跨国工作经验的企业家及复合型高端人才的缺乏阻碍企业"走出去"。我国尤其缺乏兼具专业技术能力、外语能力且精通国际业务知识的复合型高端人才，这成为我国企业进行海外投资，开拓国际市场的一大障碍。

二、核心技术缺乏和自主创新能力弱

改革开放以来，我国积极推行"以市场换技术"政策，鼓励企业引进国外先进技术以加快我国技术提升的步伐。但近二十年来，我国技术水平提升缓慢，企业对技术引进形成了路径依赖，自主创新意识薄弱，自主创新能力弱，导致我国工业发展所需的核心技术都需要进口。由于受制于发达国家跨国公司提供核心技术，我国企业长期被锁定在全球价值链低端，产业转型升级困难。例如，2013 年，我国汽车产业的生产规模和市场份额都已达到了全球第一，但关键零部件的核心技术仍需从国外高价购买；计算机产业的芯片、软件等核心技术也依赖国外进口。据 2008 年数据统计，我国核心技术对外依存度高达 60%。[①]

具体来看，我国自主创新能力弱归于以下三方面原因：

第一，国内自主研发创新体制不健全。一方面，我国有实力进行自主创新的国有企业内部管理体制、考核体制等使得领导过度重视任职期内的短期绩效和利益，而自主研发创新是一个长期的工程，短期见效不明显，领导自

---

① 根据中国统计年鉴相关数据计算得出。

主研发创新意识和动力不强；另一方面，我国知识产权保护立法制度不完善，对盗版等侵犯知识产权的行为执法力度弱，未能有力保护企业发明专利、技术成果，无法有效推进国内技术创新扩散。

第二，企业重引进、轻消化吸收再创新技术，研发投入不足，缺乏自主研发平台。据 2009 年中国 500 强企业统计数据显示，我国 500 强企业 R&D 投入占销售收入总额的比重仅 1.42%，其他中小企业更低，大多不到 1%，与发达国家跨国公司 5% 的研发费用支出相差甚远。① 而且，我国大中型企业内设有研发中心的占比不到 30%，中小企业则更少。自主研发平台和研发人员的缺乏致使我国国内专利申请量及授权量占比都很低。中国知识产权局统计数据显示，1985~2013 年，我国国内发明专利的受理量和授权量分别占 26.5% 和 11.0%，而相比之下，国外发明专利的受理量和授权量分别占 86.0% 和 76.1%。我国发明专利授权在国内专利授权总量中比重偏低的现状一直未改变。

第三，国内产业组织结构不合理，上下游产业间未能形成良好的配套协作关系。我国产业组织结构的特点是产业链底部中小企业数量多、能力趋同、多从事相似的产品加工组装业务。中小企业规模小、资金缺乏加上同质化竞争严重导致其未能专注研发、技术水平弱，从而未能达到上游龙头企业对底部专业供应商的产品质量标准或技术要求。上游龙头企业不得不从外购买专业零部件，上下游产业间的割裂关系进一步阻碍了中小企业的技术进步。

三、产业关联弱及生产性服务业发展滞后

全球价值链两端的研发、设计、营销、品牌等高附加值环节包含的知识密集活动以及物流、金融、保险、批发、分销等都属于生产性服务活动，这些活动被全球价值链的领导者跨国公司牢牢控制，而我国生产性服务业发展滞后，制造业与生产性服务业间产业关联弱，成为制约我国产业向全球价值

---

① 2005~2009 年的《中国企业 500 强报告》。

链两端高附加值环节升级的主要因素。

我国生产性服务业发展滞后的原因可从供给和需求两方面分析。从供给方面看，主要是由于我国政策机制、法律体系不完善及市场机制不健全、市场运行秩序不规范等导致我国生产性服务部门垄断性强、市场开放度低，非国有资本进入生产性服务业门槛高。政府高管制、国有企业高垄断使得生产性服务业发展缺失竞争动力，有效供给不足。

从需求方面看，生产性服务业是为满足企业或公共组织的中间需求而非最终需求，在企业生产过程中提供中间投入品或服务的部门。根据亚当·斯密的分工理论，市场规模的扩大促进了社会专业化分工。A. Young 将企业在生产过程中所投入的中间品的种类和数量称为产业链的迂回生产长度，分工的不断细化增加了企业生产过程的迂回程度。在分工推进下，随着企业生产过程迂回生产度的加深，企业对中间品的高需求促进了生产性服务业的增长。纵观我国融入全球价值链的低端路径，主要从事低附加值、高资源消耗的加工制造环节，不仅没有对本国生产性服务业的发展起到需求拉动作用，反而具有替代和挤出效应。这是由于全球价值链领导企业要求我国供应商提供的产品技术、质量、规格都必须达到国际标准，而国内上游企业提供的中间设备、服务等都达不到国际标准，技术较落后，我国供应商只能"为出口而进口"，从国外进口企业生产过程所需的先进中间机器设备和关键零部件，造成国内制造业与生产性服务业发展的割裂，产业间的弱关联缩短了国内产业链的延伸。制造业对国内生产性服务业有效需求不足，国内生产性服务业利润空间被外资挤压，由于缺乏资金来投入研发，致使我国生产性服务中间投入技术水平提升缓慢，产业升级需要的中间投入高端要素难以培育，从而被锁定在全球价值链的低端环节，对外资形成依赖。

四、全球价值链治理结构下跨国公司的技术与市场垄断

过去 30 多年，我国东部沿海地区凭借劳动、土地、资本等生产要素的低成本优势嵌入全球价值链的低端环节，通过承接发达国家转移的劳动密集

产业，进行产品的加工组装，然后出口。这种"两头在外"的出口导向发展战略使得我国不仅产品出口严重依赖国际市场，而且核心技术、关键零部件都需要从国外进口。一方面，我国代工企业加工组装的产品要面向国际市场消费者，其产品技术、质量、规格都要符合国际消费者需求偏好及国际标准；另一方面，全球价值链领导者跨国公司对供应商提出的产品技术、质量要求都很高，国内上游生产商提供的中间设备与国际中间设备间有较大的差距，国内供应商为满足全球价值链领导企业的高要求，不得不从国外进口关键设备和核心部件，这对国内重装备制造业产生了较强的市场挤出效应。

全球价值链跨国公司领导的俘获型治理结构，不仅阻断了我国下游消费品行业与上游重工装备制造业间的产业关联，对高附加值的关键设备和核心部件市场形成垄断，而且致使我国重工设备制造业进入"技术落后—市场份额小—利润低—研发投入资金缺乏—技术水平提升缓慢"的恶性循环状态，陷入了低端装备制造市场的激烈竞争中，技术升级困难。

第三节　全球价值链下中国产业转型升级的路径

全球价值链是指商品或服务生产过程被分为不同工序，分布于全球各地，经过产品设计、研发、制造到最终销售等一系列环节的价值增值过程。基于我国资源禀赋优势及我国产业嵌入全球价值链的升级现状与制约因素，从全球价值链视角研究我国产业升级路径，必须从企业微观层面、区域中观层面和国家宏观层面分析。

一、企业层面

（一）巩固制造环节优势以深化工艺和产品升级

过去前二十年，我国凭借劳动力、土地等低成本优势，嵌入全球价值链制造环节，发展成为世界上最大的代工制造工厂。在 OEM 过程中，全球价值链领导企业通过流程指导、信息流动、技术转移等途径将隐性知识传输给我国供应商，供应商通过"干中学"获得了一定的工艺和产品升级，但升级不够彻底。许多供应商企业尚未掌握其所在领域的核心技术，产品质量与发达国家相比，也存在很大差距。中国制造如何从量的优势转向质的优势，深化工艺和产品升级，是我国产业攀升全球价值链高端环节，实现功能和链条升级的第一步。依照日本的经验，许多日本中小企业在其从事的行业钻研几十年，目标是要做出该行业品质最优、技术最精的一流产品，所以，日本各个行业都涌现出许多高度专业化的"隐形冠军"，全球许多产品的关键零部件或关键工序都由日本中小企业完成，如日本全球领先的火箭技术，不仅对提供的材料工艺要求很高，而且火箭顶部抛光处理全部通过手工工艺完成，力求要做到精益求精。

我国企业以代工方式嵌入全球价值链的现状，加上企业目前进行自主创新的实力还比较薄弱，所以，企业在向工艺和产品升级过程中，可以借鉴日本、"亚洲四小龙"等成功经验，走"逆向创新"战略，即技术模仿—再创新—拓展新工艺或新产品，这与发达国家开发新产品并推广技术标准的价值链创新路径正好相反。具体来看，根据技术引进方式及技术消化吸收方式的不同，企业致力于工艺和产品创新，以深化工艺和产品升级的模式有三种类型。

第一，干中学。这种升级是企业在边干边学中，不断积累知识，沿着 OEM-ODM-OIM-OBM 的路径，从工艺创新向产品创新逐步迈进。起初，供应商按照领导者提供的设计说明进行简单的部件组装，即 OEM；经过一段时间的学习，企业掌握了产品设计方面的知识，能够按照领导者的需求，自行进行设计，成为了 ODM 供应商。在设计能力不断提升的基础上，一些企业会开发新产品，贴上领导者的品牌来出售，此时为领导企业的 OIM 制造商；或有些企业在代工生产中拓展销售渠道，构建自己的品牌，成功升级为 OBM 品牌商。20 世纪 80 年代的许多东亚厂商沿着这种路径，在承接发达国家劳动密集型制造活动中，学习知识并积累经验，从 OEM 厂商成长为 OIM

或 OBM 厂商，实现了工艺和产品创新，如中国台湾华硕的主板机技术全球第一，韩国汽车制造领域的现代、起亚、索纳塔等知名品牌，电子领域的三星等享誉全球。

第二，技术分解中主动学习。这种升级模式不同于"干中学"模式的被动学习，其目标明确，在引进国外先进技术的基础上，主动进行分解和学习，以实现再创新。引进技术的方式分三种。第一种，一是引进未产业化的技术专利，二是引进技术成熟的技术设备，三是通过 FDI 方式产生技术溢出。第一种情况下，企业引进未产业化的技术专利，对技术进行学习、改造，并研制新产品，投入市场测试，收集用户反馈。在这一系列过程中，企业会在引进技术的前期结合市场需求投入大量的研发费用进行技术分解研究与新产品研发。第二种，企业在引进整套设备后，会通过"边用边学"，对设备技术进行分解，并结合自身的技术创新能力，进行产品改良或为产品增加新性能，生产出技术含量更高、质量更好的产品。日本是通过技术专利、设备引进、模仿，实现二次成功创新的典型国家，如日本松下电器公司在引进欧美国家传真机设备时，运用模拟式数据资料压缩技术、数码处理技术等，改善和提升传真机的性能，从 1978 年到 1987 年，相继推出中速商用传真机 P2000 及高速传真机 UF100 等新产品。第三种，吸收外商直接投资的技术溢出会受到"人力资本门槛"限制，在人均 GDP 达 1000 美元以上，研发费用占 GDP 比重超过 2%，人力资本丰富的情况下，技术扩散对东道国技术能力提升作用较强，有利于促进东道国工艺和产品升级（阿利克，1999）。

第三，技术合作形式下主动创新。结合不同企业的资源、技术优势，通过签订协议等方式进行技术合作，在战略联盟下实现工艺和产品创新。20 世纪 80 年代，我国在三峡工程建设时，不仅缺乏三峡工程建设所需的重大机电设备，而且技术和制造能力也弱。当时，我国通过招标方式，提出"三个必须"：投标者必须与中国企业联合进行技术开发与制造，中国企业所占合同总价不低于 25%；投标者在技术开发成功后，必须向中国企业转让技术；对中国企业进行技术培训，并由中国企业自主制造两台机组。这种技术合作方式使得我国在节约成本和时间的情况下，大大提升了创新能力。[1]再如，韩国现代汽车公司的发动机设计技术在与英国 Ricardo 公司合作中，现代公司技术人员经过英国 Ricardo 公司从发动机设计、试制、性能测试等各个流程的指导，获得了发动机自主设计开发的能力。还有，韩国三星公司与美国 ISD 公司结成战略联盟，使用 ISD 公司的半导体声音存储技术使其芯片存储速度提升了 15 倍（程源、高建，2005）。

（二）向全球价值链两端研发和品牌环节延伸以实现功能升级

全球价值链分工下的大部分利润集中在研发、品牌环节，这些环节进入壁垒高，可获得较高经济租金。全球价值链治理者竞争力越来越体现在对这些战略环节的控制与掌握。我国企业在全球价值链底部代工生产已很多年，如何由贴牌生产向创牌转型，向全球价值链高附加值两端延伸，是实现产业功能升级的关键。

我国企业功能升级从三个层面考虑：

第一，嵌入全球价值链某一环节从事类似工序的企业间形成"强强联合、优势互补"的战略联盟，以相互整合资源、交流信息。发展较好的大企业可以兼并相关中小企业，推动产品和服务向多元化发展，建立规模经济与范围经济优势。

第二，基于我国制造环节嵌入全球价值链积累的价格、速度、资源、市场等优势，建立高质原料供应、核心部件生产、装配、加工于一体，企业间分工有序、高效协作的完善配套产业集群，与全球价值链领导企业技术优势耦合，形成全球价值链系统集成商整个全球资源的首选供应商。

第三，根据企业嵌入的不同价值链驱动类型，选择相应的战略环节构建核心能力。嵌入生产者驱动价值链的企业，其核心能力在技术环节，如高新技术企业，主要通过研发技术创新驱动市场。

对于嵌入购买者驱动价值链的企业，品牌商及掌握营销渠道的大购买商

---

[1] 中国工业报，2005 年 9 月 14 日。

是该价值链条的主要驱动者，其核心能力集中在品牌、营销网络治理等方面。我国企业构建自主品牌的障碍因素在于企业原创设计动力缺乏、产品质量不高和营销渠道构建能力弱三方面。所以，我国代工企业从 OEM 向 OBM 转型升级的关键在于设计、质量和营销渠道建立。

第一，提升原创设计能力。引进国际专业设计人才，与国际知名设计品牌合作，在学习中结合中国文化特色和国际流行趋势，采用互联网、大数据、云计算等先进技术，了解消费者需求，培养民族化、国际化、科技化和生活化，"四化"结合的本土原创设计能力。

第二，精良制作，提升产品质量和档次。产品质量的提升，需从产品上游原料供应、设计，中游加工、制作，下游营销、消费者服务等各个价值链环节，做到精益求精。价值链上游提供质量上乘的原料，中游加强工人加工制造工艺技术，下游建立营销渠道，直接及时向生产商提供消费者需求信息，形成上中下游价值链企业间的分工协作与有效衔接。同时，与国际标准接轨，保证产品质量符合国际对产品安全、环保等方面的要求，以在国内市场培育品牌的基础上向国际市场推进。

第三，代工厂商在发展到一定规模后可以将加工、制造等业务外包给成本更低的生产商，集中资源建立营销渠道，利用互联网、电子商务平台等开放式营销网络，快速了解客户需求，为客户提供定制化个性服务，打破中间分销商的控制，实现产销一体。以自有营销渠道为基础，兼并、收购中小企业，建立拥有自主品牌的产业链。自有品牌在国内市场取得一定影响力的基础上，拓展海外营销渠道，与国外知名品牌企业合作或兼并、收购国外品牌，利用国外品牌已经培育的稳定客户关系，构建国际品牌营销网络体系。

二、区域层面

（一）中国区域经济发展的现实条件与基础

1. 中国多层次的区域经济结构特征

基于我国多层次的区域经济结构，东部、中部、西部地理区位、资源禀赋及经济发展程度的差异决定了应根据各地区比较优势布局符合其区域发展现状的产业价值链。东部地区经过 30 年嵌入全球价值链的发展，在生产、技术、服务等方面的能力都获得很大提升，加上交通、信息、能源等完善的基础设施建设和巨大消费潜力，外资企业逐步将设计、研发等高附加值环节迁移到东部地区。外资引进结构由制造业向服务业的转变促进我国东部地区获取技术、管理、品牌等高端要素，为其构建以总部经济、研发中心为基础的东部区域价值链提供了条件。同时，近两年不断攀升的劳动力、土地价格及融资成本倒逼东部地区将劳动密集环节转移到中西部，向价值链的功能区转型升级。

我国中西部地区矿产资源、水、农林牧等自然资源储备丰富，地缘广阔，劳动力成本低，适合承接东部地区转移的劳动密集环节，发展资源深度加工，构建以加工制造为基础的中西部区域价值链。同时，为避免沿袭东部地区代工生产的老路，要重视技术、人才、品牌等高端要素，将信息技术运用于传统加工业，发挥市场在资源配置中的决定作用，推动优质生产要素向有比较优势的产业流入，走资源高效利用、环境友好保护的中西部特色升级新路。

2. 长江经济带、珠江三角洲、京津冀等区域经济空间布局新战略

2014 年，政府工作报告提出加强长江经济带、泛珠江三角洲、京津冀等区域经济建设与协作。针对不同区域比较优势，实行差别化经济政策，以促进跨区域沿江海、内陆交通大流通，由沿海向内陆，由西向东，有序承接产业转移，构建各具特色的区域增长极。长江经济带依托黄金水道，横跨我国西南、中南、西北、东北等各个区域，涵盖上海、江苏、浙江、四川、云南等 11 个省，已建成的上海、宁波、成都等海关沿长江经济带形成了通关一体化，并带动沿边各省经济开发区发展，形成了上海为龙头，中部四省为龙身，云贵川渝为龙尾的长三角区域一体化"龙阵"。

泛珠江三角洲是我国区域经济布局新战略中的又一大重点发展区域，其包括广东、福建、江西等九个省份与香港、澳门两个特别行政区，所以又被

称作"9+2"区域经济合作区。这些地区环绕珠江流域,凭借毗邻港澳优势,承接香港、台湾等地转移的 IT 产业,不断实现产业结构转型升级,东部海岸区以深圳为中心,主要发展微电子技术等轻型制造业,西部海岸区发展能源、机械加工等重化工业为主导的港口贸易。

2014 年,中央将京津冀协同发展上升为国家战略,打造北京、天津、河北协调发展、优势互补,建立首都经济圈,推进环渤海城市群发展。京津冀地区包括北京、天津及河北的 11 个地级市,区域人口总数达 1 亿多,面对北京人口、产业发展饱和,与周边天津、河北经济发展不平衡、生态环境恶化等问题,京津冀协同发展战略有利于促进三地要素充分流动,产业合理分工、有效对接,以建立环渤海先进制造业基地,推进首都经济圈战略型新兴产业和现代服务业发展。

3. 自贸区、开发区等为载体的产业集群品牌构建

经济特区、自贸区、开发区是我国区域经济板块升级,国内区域价值链构建和产业集群品牌形成的核心载体。1980 年 8 月,中国政府正式批准建立深圳经济特区,随后又在珠海、汕头、厦门、海南建立特区。在中国改革开放的进程中,深圳经济特区一直发挥着"试验田"的作用,创下了物价改革、企业产权转让、住房制度改革等众多个"中国第一"。时隔 33 年,2013年 8 月,国务院正式批准设立中国(上海)自由贸易试验区。上海自贸区成为中国推进改革和提高开放型经济水平的又一"试验田"。2015 年 1 月,国务院下发了关于推广中国(上海)自由贸易试验区可复制改革试点经验的通知,该通知要求,上海自贸试验区可复制改革试点经验,原则上,除涉及法律修订、上海国际金融中心建设事项外,能在其他地区推广的要尽快推广,能在全国范围内推广的要推广到全国。① 通知为中国其他省份建立自由贸易区提供了经验借鉴和政策指导,目前中国已批准设立与正在申报的自由贸易区包括中国(上海)自由贸易试验区、广东自由贸易试验区、厦门自由贸易

---

① 国务院网站,http://www.gov.cn/zhengce/content/2015-01-29/content_9437.htm。

试验区和天津自由贸易实验区等。同时，四川省也在加快对外贸易平台建设，积极推进德阳综合保税区和四个 B 型保税物流中心的申报工作，争取设立中国（成都）内陆自由贸易区，不仅有利于促进四川省经济发展，而且顺应了西部大开发战略，为促进西部经济发展提供新的增长点。除鼓励自贸区发展外，我国开发区作为产业集聚、新技术孵化、吸引外资的重要载体，也非常受中央重视。2014 年，国务院发布《六措施促国家经济开发区转型升级》，目标要将国家经济开发区建成为产业技术创新、现代服务业发展、体制创新的示范区，通过在开发区内推行生产、管理、发展理念等方面的创新，实现开发区内产业结构转型升级。

（二）区域层面的产业升级战略

1. 以东部地区为中心，设立总部经济、研发中心

我国东部地区构建总部经济集聚，研发、服务、营销等高附加值领域占主导的区域价值链，是现实形势所迫，同时也是我国寻求突破全球价值链底部封锁，实现产业转型升级的最佳路径。一方面，东部地区有限的土地资源难以承载不断扩张的制造业基地，劳动力工资的上涨使得许多外资企业将劳动密集环节向越南等东南亚国家转移，面对内忧外患的压力，东部制造业企业重新布局产业链，将劳动密集环节向外迁移，在东部建立总部经济集聚成为必然选择；另一方面，东部地区经过 30 年嵌入全球价值链积累的生产、技术、管理等方面的经验及东部地区良好的区位、交通、完善的基础设施、便捷的信息获取和沟通渠道、良好的制度环境，使其具备了集聚人才、科技、管理等高端要素，建立总部经济的条件。

在我国东部地区构建总部经济集聚的区域价值链，第一，要培育一批拥有规模实力、研发实力和自主品牌的本土跨国企业，以创新驱动战略为先导，带动东部地区转型升级。华为、海尔、美的等为代表的我国知名品牌企业不断向其各自所在行业的高端领域跃升，市场占有率提升，与国际品牌差距不断缩小。据瑞银证券调研数据显示，中国跨国企业研发规模与研发实力被长期低估，2012 年我国研发投入达 10240 亿元，位居全球第三，且 2011

年申请的发明专利数达 11.8 万件，也位居全球第三。我国研发实力被低估的原因，一方面是由于我国技术研发"重应用、轻研究"的特点，我国研发主要通过引进国外技术专利来改良，这样在统计上，本应计入研发投入的部分被计入服务部分；另一方面是由于中国的研发人才红利有待开发，拥有庞大数量的高学历人才将使中国研发成本低于发达国家。所以，跨国公司研发能力的提升需要重视基础技术研究，总部区内建立科技研发基地、检测认证基地和创新服务中心。同时，政府要完善我国专利技术保护法律制度。政府、科研院所、大学和知名企业联合在总部区内建设多种公共服务平台，为企业产品研发、产业升级、质量提升提供引导、咨询、检测、认证培训等全方位的支持。

第二，是产业链集聚，总部经济的发展，需要配套完善的上下游产业与专业企业做支撑，包括价值链前端的设计、研发及后端的金融、保险、营销等生产性服务。产业精细化发展对配套产业产生了更高的需求，使许多生产性服务业从制造业中分离出来，形成了许多专业化配套生产企业与服务企业。这些专业化知名企业在总部经济区内集聚，为上下游产业对接提供便利，通过相互交流与学习，促进了"研发设计、生产制造、会展销售"全产业链升级模式的形成与先进制造业及现代服务业融合格局的形成，促进总部经济区内产业转型升级。

第三，要推进产城融合，重点发展楼宇经济、商业旗舰和金融服务等生产性服务，打造集行政办公、商业金融、产业总部于一体的城市综合体集群。

2. 中西部地区承接产业转移，布局生产制造网络

我国中西部地区抓住东部地区企业和外资企业转移劳动密集产业的机遇，依托资源、劳动、土地等比较优势，构建西部生产制造网络，与东部总部经济有效对接，形成"前店后厂"，是培育竞争优势，构建西部区域价值链，实现产业升级的最佳路径。但西部地区在布局生产制造网络过程中，如何避免走东部地区资源消耗高、附加值低、污染高的代工生产老路，突破全球价值链底部锁定路径，是其产业升级过程中要面临的现实问题。

解决这一问题的两个关键点在于，第一，要强调市场在资源、要素流动配置中的决定作用。国家对西部投资的政策支持力度一直较大，但政府的投资支持能否带动整个区域投资，还需要靠市场内生动力来驱动资源、要素流向效率高且适宜的产业。鉴于目前市场驱动要素、产业资源配置的内生动力还不足，政府应根据各类产业发展的比较优势，因地制宜，规划承接产业准入门槛，以淘汰低附加值、高污染的落后产能，保证产业与经济、环境协调发展。第二，西部企业要致力于创新，不能一味跟风发展新型战略产业与高科技产业，而应基于西部的资源优势与产业基础，引进先进技术，加强传统纺织、家电等劳动密集型产业的工艺改进，促进能源矿产产业深加工和农业产业技术升级。

　　在产业布局方面，要不断完善产业园区的建设，将其作为承接产业转移的重要载体和平台。园区建设重点在以下三方面：第一，要推动园区内西部规模型主导企业的发展。利用国家支持西部投资的政策优势，鼓励东部大型加工制造业和外资企业到西部投资，将在东部积累的生产能力、技术、管理等带到西部，建立核心竞争力，将非核心业务外包给当地的中小企业。第二，通过园区内主导企业的培育，吸引价值链上下游配套产业的跟进与集聚，形成当地原料供应、零部件加工、产品制造、包装等齐全的价值链供应体系。上下游产业间专业分工协作促进了资源、信息等要素的顺畅流通与共享。同时，信息咨询、技术研究和开发、物流、法律、保险、金融等生产性服务配套企业的完善发展，有利于将人力资本和知识资本注入企业，通过制造业与生产性服务业的有效融合，促进企业生产和管理效率的提升。第三，完善园区的基础设施建设与公共服务平台建设。东部地区向西部地区转移生产制造环节，由于距离较远，完善的交通、信息网络等基础设施的建设对于降低运输成本和交易成本很关键。园区内制造业信息化信息集成、科技合作资源管理、产学研综合创新服务、食品安全服务、知识产权保护等各类公共服务平台的建设，为园区内不同发展阶段和不同功能的企业提供个性化服务与解决方案，塑造企业创新文化、集聚创新资源以加速企业技术创新成果的产生与转化。

三、国家层面

当前，全球价值链下各国产业竞争的焦点转向了链条与链条间的竞争，掌握和控制全球价值链的治理权，成为各国占据全球价值链高附加值环节、实现产业升级的关键。我国产业突破全球价值链底部锁定的根本路径是构建基于内需的国家价值链，利用我国庞大的国内市场、完善的基础设施硬环境及人力资源、开放的市场体系等软环境，吸收、整合全球高端生产要素，培育掌握自主知识产权、终端销售渠道和民族品牌的本土跨国公司，建立本土跨国公司主导，中小企业配套完善的分工协作网络，使本土跨国公司成为国内价值链的治理者，中小企业成为各个专业领域的"隐形冠军"，建立服务业与战略新兴产业主导的现代产业体系，使我国成为全球价值链高端环节的集聚地，打造国家竞争优势。

（一）构建国内价值链的条件

1. 高端要素培育是国内自主价值链构建的核心

全球价值链各环节要求的要素投入特征及一国比较优势决定了一国在全球价值链中的位置。美国、日本等发达国家能长期控制全球价值链研发、营销等高附加值环节并获取高回报，正是凭借其拥有着核心技术、人才、品牌、管理等无法复制的高端要素。所以，构建我国自主价值链的核心在于培育高端要素，以形成核心竞争力，突破发达国家跨国公司的技术垄断和市场垄断。高端生产要素包括知识、人力资本、知识产权及促进科技实力增强的制度、基础设施、大学、科研机构等。全球化经济下，国内外形势的新变化为我国学习、吸收国内外高端要素提供了机遇。2014 年，我国普通大学本专科毕业生达 638.7 万人、硕士毕业生达 51.4 万人，这表明我国劳动力比较优势正在由数量向质量转变，为我国培育高端要素提供了基本条件。随着跨国公司在全球布局研发活动，我国人力资本优势也吸引跨国公司将产业研发、生产性服务等高端活动转移到中国，同时带来了技术、国际人才、先进技术设备、企业管理经验等。另外，从企业"走出去"看，国外经济低迷使得国外一些大型企业市值下降，甚至一些濒临破产，这促使我国企业以低成本并购这些企业，获得了其品牌、技术等高端要素。

我国产业结构处在工业向服务业转型的战略机遇期，本土市场消费结构也正由物质型向服务型消费转型，这为企业整合这些高端要素，提升创新水平，形成核心竞争力提供了动力。因为企业在创新过程中，会权衡创新收益与创新成本。企业只有在新技术或新产品投放市场后获得大于创新成本的回报，才会不断有动力去创新，即需求引致创新。国内产业结构和消费结构的升级，为生活性服务业和生产性服务业的发展提供了巨大空间，并且通过集聚高端要素，推动制造业转型升级。

2. 终端市场的掌控是国内自主价值链构建的关键

改革开放初期，我国经济发展刚刚起步，国内市场狭小、居民购买力不足，我国选择了出口导向的对外开放战略，造成我国企业对国外市场过度依赖，且被外资企业控制国内外终端市场的被动局面。金融危机后，西方国家经济萎靡，外需缩减，而我国国内市场却显现出巨大的消费潜力，本土"80后""90后"队伍正逐步成为消费的主力，推进我国本土市场消费结构逐步由哑铃型向橄榄型升级，物质型向服务型升级，国内消费者对中高端市场的需求潜力急待释放。国家领导人在APEC工商领导峰会上强调新常态特点之一是产业消费需求逐步成为主体，城乡区域差距逐步缩小，居民收入占比上升，发展成果惠及更广大的民众。国内市场消费结构的升级和服务业在产业结构中比重的上升为我国企业构建自主价值链，掌控终端市场带来了机遇。

同时，互联网的快速发展和电商崛起极大地改变着传统企业的营销模式、管理方式等。传统企业的代理商营销、经销商营销和直营模式被互联网时代下的电子商务平台取代，平台化最大的优势就在于信息开放与资源整合。供应商、销售商、消费者的信息都被放在一个平台上开放，省去代理商、经销商等中间渠道，为企业优化、整合资源提供了便利，且支付、配送等平台的完善与构建为企业降低了成本，扩大了企业线上网络自销、分销的规模。

在互联网促进企业转型升级的新阶段下,把握国内市场消费者需求动向,重视用户体验和管理客户资源取代产品成为企业控制终端市场、攫取市场份额的根本。与传统企业重视规模经济和范围经济的管理方式不同,企业转型升级的新管理方式是趋向扁平化,去掉企业许多中间层级结构,企业的管理以实现用户价值为根本目标,更重视消费者的个性化需求。企业使用大数据等技术分析消费者需求,根据消费者需求创新产品,并让消费者参与产品设计,为消费者提供更多、更好的增值服务。以实现消费者最大利益为基础,搭建产品、渠道、传播、终端为一体的平台,是企业在互联网时代下,抓住新技术革命带来的机遇,掌控终端市场,构建自主价值链的关键。

3. 本土跨国企业的发展壮大是国内自主价值链构建的核心驱动力

跨国公司是推动全球价值链重构和全球产业结构优化升级的核心驱动力。经济全球化下,跨国公司按照各区位比较优势将产品研发、制造和营销等环节布置在全球最合适的区域,实现了产品生产过程的全球分离,加速了全球资源的优化配置和产业重组。跨国公司同时是推动全球技术创新的主力军,其通过在全球范围内兼并重组其他企业不断扩大规模,凭借强大的规模和掌握的智力资源,深入研发核心技术。据统计,全球专利数的 70% 和 2/3 的科研经费来自跨国公司。发达国家正是凭借其跨国公司拥有的核心技术、品牌等优势垄断全球价值链的高附加值环节。随着互联网技术的发展以及生产要素在全球范围内的加速流动,跨国公司核心竞争力越来越体现在其掌控的核心技术和对全球价值链各环节的系统整合能力方面。

拥有一批自主知识产权的本土跨国公司是我国构建自主价值链的核心驱动力。近年来,我国企业对外直接投资呈现较快发展。2014 年,我国累计实现非金融类对外直接投资总额 1028.9 亿美元,超过了外商在华投资,表明我国已成为净资本输出国,我国对外投资涵盖制造业、商务服务业等 15 大类,对外输出的产品技术水平不断提升,这是由我国开放水平发展到一定高度,国外对我国企业投资的需求提升和我国国内产能过剩,企业必须"走出去"

的内在要求共同推动的。在"一带一路"等国家倡议推动下，加快我国铁路、核电等装备制造业"走出去"，基于我国装备制造业方面的比较优势和不断积累的对外投资经验，培育我国有实力的跨国企业，以形成领导力，带动国内其他中小企业创新，构建自主价值链。

（二）国内价值链构建下的产业升级战略

1. 整合全球高端生产要素

据联合国贸易和发展会议公布的《全球投资趋势报告》显示，2014 年中国以 1280 亿美元成为全球吸引外资第一大国，超过一直居于首位的美国。金融危机后，中国吸引外资的优势不再是低成本劳动力，国外投资者更看重的是中国庞大的市场、完善的基础设施建设等硬环境与丰富的人力资本、开放的市场体系等软环境。我国劳动力比较优势正在由低成本向高质量转型，加上市场优势吸引大型跨国公司将研发、总部经济等全球价值链高附加值活动向中国转移，这为我国企业吸收、整合全球高端生产要素，培育我国动态比较优势提供了有利条件。

从"走出去"整合全球生产要素看，一方面，鼓励国内有实力的跨国公司"走出去"兼并、收购国外企业，以获取核心技术、品牌、营销渠道。如我国混凝土机械制造企业三一重工，抓住欧债危机机遇，以低成本并购了德国普茨迈斯特，凭借德国普茨迈斯特企业的技术与品牌，在海外混凝土机械市场开拓高端领域；另一方面，推进"一带一路"建设，对接"一带一路"沿线国家建设和发展需求，促进我国高铁、核电等重大装备和优势产能的输出，开展国际产能合作，通过开发、整合和利用各种高端生产要素，实现我国出口结构与产业升级。

2. 建立本土跨国公司主导，中小企业配套完善的分工协作网络

从各个行业的全球价值链结构体系看，全球价值链的高利润回报都流向价值链的治理者，这些治理者往往是掌握核心技术、品牌、营销渠道的发达国家跨国公司，他们制定其所在行业的商品、技术标准与交易规则，控制着全球资源的分配。所以，国内价值链的构建，首先要培育一批有实力的跨国

公司主导价值链治理。这些跨国公司不仅要控制其所在产业链的关键环节，市场占有率居全国甚至全球前列，而且是该产业链上下游供应商的系统集成商，其通过制定行业技术标准和规则，使价值链各环节模块供应商由价格竞争转向标准竞争，形成控制该行业标准的垄断优势。

国内价值链各个环节的中小企业凭借其所在领域的专业化优势，采用弹性、专、精等柔性生产方式，为主导企业配套生产并形成集聚。在集群内，中小企业根据主导企业在技术、产品质量、交货速度等方面的要求，不断提升技术、更新设备，交流知识、信息，集群内形成了主导企业"大而强"，中小企业"小而精"，竞争有序、分工协作的知识共享网络。

3. 建立先进制造业和现代服务业主导的现代产业体系

制造业是我国工业发展的基础，是我国实现工业现代化、在全球价值链分工中提升竞争力的关键。我国应摆脱过去高污染、高耗能、低成本的传统制造业体系，构建先进制造业和现代服务业主导的现代产业体系，抓住新一轮产业革命机遇，将物联网、云计算、大数据、3D打印等高新技术深度运用到工业研发、设计、制造、检测和服务等各个过程，改造传统产业，推进传统产业生产设施、生产流程、管理模式向服务化、数字化和智能化方向发展，实现管理、技术和产业全面升级。同时，在新国际分工格局下，战略性新兴产业成为一国抢占全球产业竞争制高点，提升产业链增值能力的关键突破。所以，应根据我国产业基础比较优势及战略性新兴产业链发展规律，攻克新材料、新能源、生物医药等新兴产业链的核心技术，建立技术专利池，占据新兴产业链的链主地位。

按照发达国家产业结构演进规律看，经济发展到一定程度将向服务业倾斜，产业链的高端主要由服务业尤其由知识、技术密集的现代服务业占据。现代服务业本身包含密集的人力资本与知识资本，其通过提供专业化服务，将人力资本和知识资本融入企业生产过程，在经济活动中扮演信息技术的"转换器"角色，为企业知识创新学习提供平台。针对我国现代服务业发展滞后的问题，我国应抓住新一轮国际产业转移机遇，积极承接发达国家外包的服务业高端环节，着力发展信息技术服务、工业设计、金融服务、物流服务、动漫服务等现代服务业，以服务外包产业园区为载体，建设研发中心、商会中心、设计展示中心等配套设施完善的现代服务产业集群。通过传统制造业对信息技术服务、工业设计等现代服务业的需求，推动现代服务业发展。同时，现代服务业与传统制造业的融合，进一步提升了传统制造业的附加值，帮助产业转型升级和基于现代产业体系的国内价值链构建。

第四节　本章小结

首先，从产业间结构升级、产业内价值链升级、嵌入全球价值链的企业能力升级、嵌入全球价值链的产业关联与外溢效应升级四方面分析了全球价值链下中国产业转型升级的现状，得出结论：产业间结构升级方面，我国第三产业占 GDP 比重的增长速度明显加快，第三产业在推动我国产业结构转型升级过程中发挥的作用增强，但与世界同等发展水平的部分国家相比，发展还相对滞后；产业内升级方面，资本、技术密集型产品的加工出口份额增加，但其所产生的增值率不高；企业能力升级方面，嵌入全球价值链的企业经过"干中学"，技术能力获得了很大提升，但自主研发核心技术的能力较欠缺，虽企业运作和管理水平也获得了较大提升，但品牌管理和财务管理等生产性服务管理是我国企业的短板；产业关联和外溢效应方面，我国"两头在外"的出口导向战略导致我国国内上下游产业发展割裂，国内价值链延伸短，产业关联和外溢效应在促进产业升级方面作用弱。

其次，分析了全球价值链下制约中国产业转型升级的主要因素，包括：我国国内要素成本上升，高端人力资本供给不足；国内核心技术缺乏，自主创新能力弱；国内产业关联弱，生产性服务业发展滞后；全球价值链治理结构下跨国公司的技术与市场垄断。

最后，基于中国产业嵌入全球价值链的升级现状，从企业微观层面、区域中观层面和国家宏观层面分析了全球价值链下中国产业转型升级的路径。企业层面，提出了巩固我国制造环节竞争优势，深化企业产品和工艺升级；推动传统制造业向知识密集型服务业转型，向全球价值链两端研发和品牌环节延伸，以实现功能升级。区域层面，基于我国区域经济发展的现实条件和基础，提出以东部地区为中心，设立总部经济、研发中心；中西部地区承接产业转移，布局生产制造网络的区域产业升级战略。国家层面，提出了构建国家价值链，吸收、整合全球高端生产要素，培育掌握自主知识产权、终端销售渠道和民族品牌的本土跨国公司，建立本土跨国公司主导，中小企业配套完善的分工协作网络，以及服务业与战略新兴产业主导的现代产业体系，将我国打造成为全球价值链高端环节的集聚地，形成国家竞争优势。

参考文献

［1］阿利克. 美国 21 世纪科技政策［M］. 北京：国防工业出版社，1999.

［2］陈维忠. 国内价值链构建下地方产业集群升级机理研究［J］. 地域研究与开发，2012（3）：13-17.

［3］陈小文. 全球价值链中发展中国家的产业集群升级［J］. 南京财经大学学报，2006（5）：21-24.

［4］程源，高建. 企业外部技术获取：机理与案例分析［J］. 科学与科学技术管理，2005.

［5］曹明福，李树民. 全球价值链分工：从国家比较优势到世界比较优势［J］. 世界经济研究，2006（11）：11-15.

［6］段文娟，聂鸣，张雄. 全球价值链视角下的中国汽车产业升级研究［J］. 科技管理研究，2006（2）：35-38.

［7］丁宁. 流通企业"走出去"与我国产品价值链创新［J］. 商业经济与管理，2015（1）：13-18.

［8］付晓丹. 生产性服务贸易对制造业升级的影响研究［J］. 统计与决策，2012（18）：140-142.

［9］樊秀峰，韩亚峰. 生产性服务贸易对制造业生产效率影响的实证研究——基于价值链视角［J］. 国际经贸探索，2012（5）：4-14.

［10］高煜，高鹏. 区域产业发展中国内价值链构建的模式选择［J］. 求索，2012（1）：20-22.

［11］高传胜，李善同. 中国生产者服务：内容、发展与结构——基于中

国 1987~2002 年投入产出表的分析 [J]. 现代经济探讨，2007（8）：68-72.

[12] 韩艳红，宋波. 产品内分工、产业转移与我国产业结构升级——基于构建国内价值链视角 [J]. 工业技术经济，2012（11）：42-46.

[13] 简晓彬，周敏. 基于 VAR 模型的制造业价值链攀升影响因素研究 [J]. 科技进步与对策，2013（8）：61-68.

[14] 卢锋. 产品内分工 [J]. 经济学（季刊），2004（4）：55-82.

[15] 刘志彪. 基于内需的经济全球化：中国分享第二波全球化红利的战略选择 [J]. 南京大学学报（哲学·人文科学·社会科学版），2012（2）：51-59.

[16] 刘志彪，张杰. 从融入全球价值链到构建国家价值链：中国产业升级的战略思考 [J]. 学术月刊，2009（9）：59-68 .

[17] 刘志彪，张杰. 全球代工体系下发展中国家俘获型网络的形成、突破与对策——基于 GVC 与 NVC 的比较视角 [J]. 中国工业经济，2007（5）：39-47.

[18] 刘曙光，杨华. 关于全球价值链与区域产业升级的研究综述 [J]. 中国海洋大学学报（社会科学版），2004（5）：27-30.

[19] 刘维林，李兰冰，刘玉海. 全球价值链嵌入对中国出口技术复杂度的影响 [J]. 中国工业经济，2014（6）：83-95.

[20] 刘书瀚，席芳沁，刘立霞. 价值链下我国生产性服务业对制造业升级影响的实证分析 [J]. 天津商业大学学报，2013（3）：3-6.

[21] 刘婷婷，曾洪勇，张华. 京津生产性服务业与制造业互动关系比较研究 [J]. 中国人口·资源与环境，2014（5）：209-215.

[22] 刘宇. 全球价值链下我国汽车产业升级机理研究 [D]. 南昌大学博士学位论文，2012.

[23] 刘洪钟，齐震. 中国参与全球生产链的技术溢出效应分析 [J]. 中国工业经济，2012（1）：68-78.

[24] 刘奕，夏杰长. 以功能性服务集群策动制造业集群升级的实现路径与政策建议 [J]. 宏观经济研究，2010（3）：33-37.

[25] 刘明宇，芮明杰，姚凯.生产性服务价值链嵌入与制造业升级的协调演进关系研究 [J].中国工业经济，2010（8）：66-75.

[26] 李冠霖.第三产业投入产出分析 [M].北京：中国物价出版社，2002.

[27] 李江帆，朱胜勇.金钻四国生产性服务业的水平、结构与影响——基于投入产出法的国际比较研究 [J].上海经济研究，2008（9）：3-10.

[28] 吕政.国际产业转移与中国制造业发展 [M].北京：经济管理出版社，2006.

[29] 吕有晨.产业结构变化与日本经济发展的关系 [J].东北亚论坛，1994（1）：72-75.

[30] 迈克尔·波特.竞争优势 [M].陈小悦译.北京：华夏出版社，2005.

[31] 平新乔.市场换来技术了吗？[J].国际经济评论，2007（5）：33-36.

[32] 裴长洪.中国经济转型升级与服务业发展 [J].财经问题研究，2012（8）：3-9.

[33] 邱斌，叶龙凤，孙少勤.参与全球生产网络对我国制造业价值链提升影响的实证研究——基于出口复杂度的分析 [J].中国工业经济，2012（1）：57-67.

[34] 秦升.生产性服务业的兴起对产业价值链全球整合的影响分析 [J].当代经济研究，2012（9）：42-47.

[35] 邱国栋，刁玉柱.嵌入全球价值链高端的战略延伸模型——基于本土制造企业的跨案例研究 [J].财经问题研究，2014（4）：19-27.

[36] 綦良群，赵龙双.基于产品价值链的生产性服务业与装备制造业的融合研究 [J].工业技术经济，2013（12）：118-124.

[37] 唐海燕，张会清.产品内国际分工与发展中国家的价值链提升 [J].经济研究，2009（9）：27-30.

[38] 王建平，汤文仙.全球价值链下的我国电子信息产业升级研究 [J].交通运输系统工程与信息，2006（6）：132-137.

[39] 文嫣，曾刚.嵌入全球价值链的地方产业集群发展地方建筑陶瓷产业集群研究［J］.中国工业经济，2004（6）：36-42.

[40] 王缉慈.关于地方产业集群研究的几点建议［J］.经济经纬，2004（2）：53-57.

[41] 王岚.融入全球价值链对中国制造业国际分工地位的影响［J］.统计研究，2014（5）：17-23.

[42] 王成东.我国装备制造业与生产性服务业融合机理及保障策略研究［D］.哈尔滨理工大学博士学位论文，2014.

[43] 王金波.全球价值链的发展趋势与中国的应对［J］.国外理论动态，2014（12）：34-39.

[44] 王影，石凯.提升我国生产性服务贸易竞争力的实证研究［J］.工业经济研究，2013（10）：32-39.

[45] 许晖，许守任，王睿智.嵌入全球价值链的企业国际化转型及创新路径——基于六家外贸企业的跨案例研究［J］.科学学研究，2014（1）：73-83.

[46] 夏杰长.大力发展生产性服务业是推动我国结构升级的重要途径［J］.经济研究参考，2008（45）：19-26.

[47] 姚战琪.全球价值链背景下中国服务业的发展战略及重点领域——基于生产性服务业与产业升级视角的研究［J］.国际贸易，2014（7）：13-17+47.

[48] 岳中刚，刘志彪.基于渠道控制的国内价值链构建模式分析：以苏宁电器为例［J］.商业经济与管理，2011（6）：5-12.

[49] 闫云凤.中日韩在全球价值链中的地位和作用——基于贸易增加值的测度与比较［J］.世界经济研究，2015（1）：74-80.

[50] 叶作义，张鸿，下田充，藤川清史.全球价值链下国际分工结构的变化——基于世界投入产出表的研究［J］.世界经济研究，2015（1）：56-64.

[51] 俞荣建.基于共同演化范式的代工企业 GVC 升级机理研究与代工

策略启示——基于二元关系的视角［J］.中国工业经济，2010（2）：16-25.

［52］张桂梅，赵忠秀.新兴经济体在全球价值链中的特征及启示［J］.经济纵横，2015（1）：119-123.

［53］张少军，刘志彪.国内价值链是否对接了全球价值链——基于联立方程模型的经验分析［J］.国际贸易问题，2013（2）：14-27.

［54］周蕾.生产性服务贸易与全球价值链提升研究综述［J］.浙江树人大学学报，2012（3）：33-38.

［55］查志强.嵌入全球价值链的浙江产业集群升级研究——基于原产地多元化视角的分析［D］.华东师范大学，2008.

［56］张二震，方勇.要素分工与中国开放战略的选择［J］.南开学报，2005（6）：9-15.

［57］庄尚文.网络经济条件下的产品内分工与模块化生产［J］.南京财经大学学报，2005（4）：16-20.

［58］张辉.全球价值链下地方产业集群转型和升级［M］.北京：经济科学出版社，2007.

［59］张国胜，胡建军.产业升级中的本土市场规模效应［J］.财经科学，2012（2）：78-85.

［60］连建军.“嵌入竞争”：全球价值链位势理论及其实证研究［D］.苏州大学博士学位论文，2013.

［61］郑春霞，陈漓高.国际分工深化中生产性服务贸易的增长及对我国的启示［J］.世界经济研究，2007（1）：23-27+88.

［62］段丽娜.中国生产性服务贸易发展与产业结构优化的耦合研究［D］.辽宁大学博士学位论文，2012.

［63］A. Young, Invention and Bounded Learning by Doing［J］. Working Paper, 1987（1）: 7-14.

［64］Ancori B., Bureth A., Cohendet, P., The Economics of Knowledge: the Debate about Codification and Tacit Knowledge［J］. Industrial and Corporate

Change, 2000, 9 (2): 255-287.

[65] Arndt S. W., Kierzkowski H. (Eds.), Fragmentation: New Production Patterns in the World Economy: New Production Patterns in the World Economy [M]. Oxford University Press, 2001.

[66] Arnold J., B. S. Javorcik and A. Mattoo, Does Services Liberalization Benefit Manufacturing Firms? Evidence from the Czech Republic [J]. Journal of International Economics, 2011, 8 (5): 136-146.

[67] Asanuma B., Manufacturer-Supplier Relationships in Japan and the Concept of Relation-Specific Skill [J]. Journal of the Japanese and international economies, 1989, 3 (1): 1-30.

[68] Agostino M, Giunta A, Nugent J B, et al., The Importance of Being a Capable Supplier: Italian Industrial Firms in Global Value Chains [J]. International Small Business Journal, 2014 (1): 7-14.

[69] Antràs P, Chor D. Organizing the global value chain [J]. Econometrica, 2013, 81 (6): 2127-2204.

[70] Arrow K. J., The Economic Implications of Learning by Doing [J]. The Review of Economic Studies, 1962, 6 (2): 155-173.

[71] Bazan L, Navas-Alemán L., The Underground Revolution in the Sinos Valley: A Comparison of Upgrading in Global and National Value Chains [J]. Local Enterprises in the Global Economy: Issues of governance and upgrading, 2004 (3): 110-139.

[72] Borrus M., Left for Dead: Asian Production Networks and the Revival of US Electronics [J]. Berkeley Roundtable on the International Economy, 1997 (1): 7-14.

[73] Bonnen A. R., The Fashion Industry in Galicia; Understanding the "Zara" Phenomena. European Planning Studies [J]. 2002, 10 (4): 519-527.

[74] Blonigen B A, Slaughter M J., Foreign-Affiliate Activity and US

Skill Upgrading [J]. Review of Economics and Statistics, 2001, 83 (2): 362-376.

[75] Baldwin R, Lopez-Gonzalez J., Supply-Chain Trade: A Portrait of Global Patterns and Several Testable Hypotheses [J]. The World Economy, 2014 (1): 7-14.

[76] Barnes J, Kaplinsky R., Globalization and the Death of the Local Firm? The Automobile Components Sector in South Africa [J]. Regional studies, 2000, 34 (9): 797-812.

[77] Bettencourt, L.A./Ostrom, A.L./Brown, S.W./Roundtree, R.I., Client Co-Production in Knowledge-Intensive Business Services [J]. California Management Review, 2002 (44): 100-128.

[78] Bell D., The Coming of Post-Industrial Society [J]. A Venture in Social Forecasting, Heinemann, 1974 (1): 7-14.

[79] Bera, S. and Gupta, S., South-South FDI vs North-South FDI: a Comparative Analysis in the Context of India [J]. New Delhi: Indian Council for Research on International Economic Relations (ICRIER), Working Paper, 2009 (238): 7-14.

[80] Blalock G, Gertler P J., Welfare Gains from Foreign Direct Investment through Technology Transfer to Local Suppliers [J]. Journal of International Economics, 2008, 74 (2): 402-421.

[81] Browning II C, Singelmann J., The Emergence of a Service Society [J]. Strategic Management Journal, 1975 (15): 167-183.

[82] Bhagwati J N., Splintering and Disembodiment of Services and Developing Nations [J]. The World Economy, 1984, 7 (2): 133-144.

[83] Breinlich H. and C. Criscoulo, International Trade in Services: A Portrait of Importers and Exporters [J]. Journal of International Economics, 2011 (1): 188-206.

［84］ Chand A., Analysis of Industrial Upgrading in TNC Subsidiary: the Case Study of Japanese TNC Transplant in Samoa ［J］. International Journal of Business and Globalisation, 2013, 11 (2): 210–216.

［85］ Chang, P., Karsenty, G., Mattoo, A., Richterung, J., GATS, the Modes of Supply and Statistics on Trade in Services ［J］. Journal of World Trade, 1999 (33): 3–115.

［86］ Cohendet P., Steinmueller W. E., The Codification of Knowledge: a Conceptual and Empirical Exploration ［J］. Industrial and Corporate Change, 2000, 9 (2): 195–209.

［87］ Cohen W. M., Levinthal D. A., Innovation and Learning: the Two Faces of R&D ［J］. The Economic Journal, 1989, 6 (3): 569–596.

［88］ Coase R., The Nature of the Firm ［M］. Economica, 1937 (4): 386–405.

［89］ Cowling K, Tomlinson P R., The Japanese Model in Retrospective: Industrial Strategies, Corporate Japan and the "Hollowing out" of Japanese industry ［J］. Policy Studies, 2011, 32 (6): 569–583.

［90］ Coe N M, Hess M, Yeung H W, et al., "Globalizing" Regional Development: A Global Production Networks Perspective ［J］. Transactions of the Institute of British Geographers, 2004, 29 (4): 468–484.

［91］ Choi B., Trade and Development Global Value Chain in Asia ［J］. 2014 (1): 7–14.

［92］ Daniels P., Moulaert, F. (Eds.), The Changing Geography of Advanced Producer Services ［M］. London: Belhaven Press, 1991.

［93］ Davies P., What's This India Business?: Offshoring, Outsourcing, and the Global Services Revolution ［M］. Nicholas Brealey International, 2004.

［94］ Dixit A. K., Stiglitz, J. E., Monopolistic Competition and Optimum Product Diversity ［J］. The American Economic Review, 1977, 21 (2): 297–308.

[95] Dolan C., Humphrey J., Governance and Trade in Fresh Vegetables: the Impact of UK Supermarkets on the African Horticulture Industry [J]. Journal of Development Studies, 2000, 37 (2): 147-176.

[96] De Backer K, Miroudot S., Mapping Global Value Chains [J]. 2014 (1): 7-14.

[97] De Marchi V., Di Maria E., Ponte S., Multinational Firms and the Management of Global Networks: Insights from Global Value Chain Studies [J]. Orchestration of the global network organization, 2014 (1): 463-486.

[98] Deardorff, A.V., International Provision of Trade Services, Trade and Fragmentation [J]. Journal of International Economics, 2001 (9): 233-248.

[99] Goe W. R., Producer Services, Trade and the Social Division of Labour [J]. Regional Studies, 1990, 24 (4): 327-342.

[100] Ethier W. J., National and International Returns to Scale in the Modern Theory of International Trade [J]. The American Economic Review, 1982, 23 (2): 389-405.

[101] Ernst D., Searching for a New Role in East Asian Regionalization: Japanese Production Networks in the Electronics Industry [J]. Beyond Japan: The Dynamics of East Asian Regionalism, 2006 (1): 161-187.

[102] Finger J M., Trade Overlap and Intra-Industry Trade [J]. Economic Inquiry, 1975, 13 (4): 581-589.

[103] Francois, J. F., Producer Services, Scale, and the Division of Labor [J]. Oxford Economic Papers, 1990 (42): 715-729.

[104] Francois, J. F., Trade in Producer Services and Returns due to Specialization Under Monopolistic Competition [J]. Canadian Journal of Economics, 1990 (23): 109-124.

[105] Francois J, Reinert K., The Role of Services in the Structure of Production and Trade: Stylized Facts from a Cross-Country Analysis [J]. Asia-

Pacific Economic Review, 1996, 2 (1): 35-43.

[106] Francois J. F. and Woerz J., Producer Services, Manufacturing Linkages, and Trade [J]. Journal of Industry Competition and Trade, 2008 (1): 199-229.

[107] Feenstra R C., Integration of Trade and Disintegration of Production in the Global Economy [J]. The Journal of Economic Perspectives, 1998 (1): 31-50.

[108] Fernandez-Stark K, Bamber P, Gereffi G., Engineering Services in the Americas [J]. Center on Globalization, Governance & Competitiveness. Duke University, 2010.

[109] Gemmel P., Van L. P., Services Management: An Integrated Approach [M]. San Antonio: Pearson Education, 2003.

[110] Gereffi G., Korzeniewicz M. (eds), Commodity Chains and Global Capitalism [J]. ABC-CLIO, 1994 (149): 7-14.

[111] Gereffi G., International Trade and Industrial Upgrading in the Ap parel Commodity Chain [J]. Journal of International Economics, 1999 (48): 37-70.

[112] Gereffi G, Kaplinsky R., The Value of Value Chains: Spreading the Gains from Globalisation [M]. Institute of Development Studies, 2001.

[113] Gereffi G., Humphrey, J., Sturgeon, T., The Governance of Global Value Chains: an Analytic Framework [J]. Paper Presented at the Bellagio Conference on Global Value Chains, 2003 (4): 10-12.

[114] Gereffi G., Humphrey J., Sturgeon T., The Governance of Global Value Chains: an Analytic Framework [J]. Journal of Review of International Political Economy, 2005, 12 (1): 28-34.

[115] Gereffi G, Fernandez-Stark K., Global Value Chain Analysis: a Primer [J]. Center on Globalization, Governance & Competitiveness (CGGC),

Duke University, North Carolina, USA, 2011.

[116] Gereffi G., A Global Value Chain Perspective on Industrial Policy and Development in Emerging Markets [J]. Duke J. Comp. & Int'l L., 2014 (24): 433-557.

[117] Greenfield H., Manpower and the Growth of Producer Services [M]. New York, Columbia University Press, 1966.

[118] Grossman & Helpman, Interest Groups and Trade Policy [M]. Princeton University Press, 2002.

[119] Leonard-Barton D., Wellspring of Knowledge [J]. Harvard Business School Press, Boston, MA, 1995.

[120] Guerrieri P, Pietrobelli C., Old and New Forms of Clustering and Production Networks in Changing Technological Regimes Contrasting Evidence from Taiwan and Italy [J]. Science Technology & Society, 2006, 11 (1): 9-38.

[121] Giuliani E., Cluster Absorptive Capacity Why Do Some Clusters Forge ahead and others Lag Behind? [J]. European Urban and Regional Studies, 2005, 12 (3): 269-288.

[122] Hamel G, Prahalad C K., Competing for the Future: Breakthrough Strategies for Control of your Industry and Creating Markets of Tomorrow [J]. 1994 (1): 7-14.

[123] Hansen N., Do Producer Services Induce Regional Development? [J]. Journal of Regional Science, 1990, 30 (4): 465-476.

[124] Hanson G. H., Mataloni, R. J., Slaughter, M. J., Vertical Production Networks in Multinational Firms [J]. Review of Economics and statistics, 2005, 87 (4): 664-678.

[125] Héraud J. A., Is There a Regional Dimension of Innovation-Oriented Knowledge Networking [C]//Strambach, S., Innovation Processes and the Role of Knowledge-Intensive Business Services (KIBS) [M]. New York: Physica-

Verlag HD，2001.

[126] Helleiner G K., Manufactured Exports from Less-Developed Countries and Multinational Firms [J]. The Economic Journal，1973（1）：21-47.

[127] Head K，Ries J.，Offshore Production and Skill Upgrading by Japanese Manufacturing Firms [J]. Journal of international economics，2002，58（1）：81-105.

[128] Head K，Ries J，Swenson D.，Agglomeration Benefits and Location Choice：Evidence from Japanese Manufacturing Investments in the United States [J]. Journal of international economics，1995，38（3）：223-247.

[129] Henderson J.，The Globalization of High Technology Production [M]. London：Routledge，1989.

[130] Henderson J V.，Marshall's Scale Economies [J]. Journal of Urban Economics，2003，53（1）：1-28.

[131] Hopkins T K，Wallerstein I.，Commodity Chains：Construct and Research [J]. Contributions in Economics and Economic History，1994（1）：17.

[132] Hobday M.，East Asian Latecomer Firms：Learning the Technology of Electronics [J]. World Development，1995，23（7）：1171-1193.

[133] Humphrey J.，and Schmitz，H.，Governance in Global Value Chain Research [D]. Working Paper in the Workshop on Global Value Chain Held at the Rockefeller Foundation's Bellagio Conference Center in September，2000.

[134] Hummels D，Ishii J，Yi K M.，The Nature and Growth of Vertical Specialization in World Trade [J]. Journal of international Economics，2001，54（1）：75-96.

[135] Hummels D L，Rapoport D，Yi K M.，Vertical Specialization and the Changing Nature of World Trade [J]. Economic Policy Review，1998，4（2）.

[136] Jefferson，Gary H.，The Aggregate Production Function and Productivity Growth：Verdoorn's Law Revisited [J]. Oxford Economic Papers，1988

(40): 671-691.

[137] Jensen P D., A Passage to India: A Dual Case Study of Activities, Processes and Resources in Offshore Outsourcing of Advanced Services [J]. Journal of World Business, 2012, 47 (2): 311-326.

[138] Javalgi R R G, Benoy Joseph W, Granot E, et al., Strategies for Sustaining the Edge in Offshore Outsourcing of Services: the Case of India [J]. Journal of Business & Industrial Marketing, 2013, 28 (6): 475-486.

[139] Jones R, Kierzkowski H, Lurong C., What does Evidence Tell Us about Fragmentation and Outsourcing? [J]. International Review of Economics & Finance, 2005, 14 (3): 305-316.

[140] Jones R. W., Ruane, F., Appraising the Options for International Tade in Services [J]. Oxford Economic Papers, 1990 (42): 672-687.

[141] Katouzian M A., The Development of the Service Sector: a new approach [J]. Oxford Economic Papers, 1970 (1): 362-382.

[142] Koopman, R., Powers, W., Wang, Z. and Wei, S.-J., Give Credit Where Credit is Due: Tracing Value Added in Global Production Chains [J]. Cambridge MA: National Bureau of Economic Research (NBER), Working Paper, 2010 (1): 7-14.

[143] Kharas, H. and Rogerson, A., Horizon 2025: Creative Destruction in the Aid Industry [M]. London: Overseas Development Institute, 2012.

[144] Kaplinsky R, Morris M., A Handbook for Value Chain Research [M]. Canada: IDRC, 2001.

[145] Kaplinsky R, Morris M., Governance Matters in Value Chains [J]. Developing Alternatives, 2003, 9 (1): 11-18.

[146] Kaplinsky R, Fitter R., Technology and Globalisation: Who Gains When Commodities are De-commodified? [J]. International Journal of Technology and Globalisation, 2004, 1 (1): 5-28.

［147］ Kashikojima: Fifth Regional Science and Technology Policy Research Symposium, 2000: 5-7.

［148］ Kishimoto C., The Taiwanese Personal Computer and Cluster: Trajectory of its Production and Knowledge System ［J］. DPhil thesis, Institute of Development Studies, University of Susssex, 2001.

［149］ Kumaraswamy A, Mudambi R, Saranga H, et al., Catch-up Strategies in the Indian Auto Components Industry: Domestic Firms' Responses to Market Liberalization ［J］. Journal of International Business Studies, 2012, 43 (4): 368-395.

［150］ Klodt H., Structural Change towards Services: the German Experience ［M］. Institute for German Studies, University of Birmingham, 2000.

［151］ Kox, H., Rubalcaba, L., Analysing the Contribution of Business Services to European Economic growth ［J］. MPRA paper, 2007 (1): 7-14.

［152］ Kox, H., Rubalcaba, L., Business Services and the Changing Sructure of European Economic Growth, MPRA paper, 2007 (1): 7-14.

［153］ Kobayashi-Hillary M., Outsourcing to India: The offshore advantage ［M］. Springer Science & Business Media, 2005.

［154］ Klaesson J., Monopolistic Competition, Increasing Returns, Agglomeration, and Transport Costs ［J］. The Annals of Regional Science, 2001, 35 (3): 375-394.

［155］ Kleinknecht, A., Firm Size and Innovation ［J］. Small Business Economics, 1989, 1 (3): 215-222.

［156］ Kogut B., Designing Global Strategies: Comparative and Competitive Value Added Chains ［J］. Sloan Management Review, 1985, 26 (4): 7-14.

［157］ Krugman P R., Rethinking International Trade ［M］. MIT press, 1994.

［158］ Kenney M, Florida R., Japanese Maquiladoras: Production Organization and Global Commodity Chains [J]. World Development, 1994, 22 (1): 27-44.

[159] Klodt H., Structural Change towards Services: the German Experience [J]. University of Birmingham IGS Discussion paper, 2000 (7): 7-14.

[160] Lazonick W, West J., Organizational Integration and Competitive Advantage: Explaining Strategy and Performance in American Industry [J]. Industrial and Corporate Change, 1995, 4 (1): 229-270.

[161] Lodefalk M., Servicification of Manufacturing-Evidence from Sweden [J]. International Journal of Economics and Business Research, 2013, 6 (1): 87-113.

[162] Lodefalk M., The Role of Services for Manufacturing Firm Exports [J]. Review of World Economics, 2014, 150 (1): 59-82.

[163] Los B, Timmer M P., Vries G J., How Global are Global Value Chains? A New Approach to Measure International Fragmentation [J]. Journal of Regional Science, 2015, 55 (1): 66-92.

[164] Lee J, Gereffi G, Nathan D., Mobile Phones: Who Benefits in Shifting Global Value Chans? [J]. Capturing the Gains, Revised Summit Briefing, 2013 (6): 7-14.

[165] Marrewijk, C., van Stibora, J., de Vaal, A., Viaene, J., Producer Services, Comparative Advantage, and International Trade Patterns [J]. Journal of International Economics, 1997 (42): 195-220.

[166] Manova K, Yu Z., Firms and Credit Constraints along the Global Value Chain: Processing Trade in China [R]. National Bureau of Economic Research, 2012.

[167] Marshall, J-N., Damesick, P. & Wood, P., Understanding the Location and Role of Producer Services in the United Kingdom [J]. Environment and Planning A, 1987 (19): 575-595.

［168］Marshall A., Principles of Economics ［M］. Stilwell, KS: Digireads. com Publishing, 2004.

［169］Marshall J. N. in collaboration with Wood P., Daniels P. W., Mc Kinnon A., Bachtler J., Damesick P., Thrift N., Gillespie A., Green A. and Leyshon A., Services and Uneven Development ［M］. Oxford: Oxford University Press, 1988.

［170］Matsuyama K., Complementarities and Cumulative Processes in Models of Monopolistic Competition ［J］. Journal of Economic Literature, 1995, 23 （2）: 701-729.

［171］Midelfart-Knarvik, K. H, Overman, H. G., Redding, S. J., Venables, A. J., The Location of European Industry ［R］. Report prepared for the Directorate General for Economic and Financial Affairs, European Commission, 2000.

［172］Miles I, Services in the new industrial economy ［J］. Futures, 1993, 25 （6）: 653-672.

［173］Miroudot S, Sauvage J, Shepherd B, Measuring the Cost of International Trade in Services ［J］. World Trade Review, 2013, 12 （4）: 719-735.

［174］Mehta A, Armenakis A, Mehta N, et al., Challenges and Opportunities of Business Process Outsourcing in India ［J］. Journal of Labor Research, 2006, 27 （3）: 323-338.

［175］Melvin J R., Increasing Returns to Scale as a Determinant of Trade ［J］. The Canadian Journal of Economics/Revue canadienne d'Economique, 1969, 2 （3）: 389-402.

［176］Melvin J.R., Trade in Producer Services: a Heckscher-Ohlin Approach ［J］. Journal of Political Economy, 1989 （97）: 1180-1196.

［177］Metcalfe J S, Miles I., Innovation Systems in the Service Economy ［J］. Measurement and Case Study Analysis, 2000 （2）: 7-14.

[178] Melitz M J., The Impact of Trade on Intra-Industry Reallocations and Aggregate Industry Productivity [J]. Econometrica, 2003, 71 (6): 1695-1725.

[179] Moulaert F. and Daniels P. W., Advanced Producer Services: beyond the Micro-Economics of Production [J]. in Daniels P. W. and Moulaert F. (eds.): The Changing Geography of Advanced Producer Services, London and New York: Belhaven Press, 1991.

[180] Muller, E., Zenker, A., Business Services as Actors of Knowledge Transformation: the Role of KIBS in Regional and National Innovation Systems [J]. Research policy, 2001, 30 (9): 1501-1516.

[181] Muller, Emmanuel; Doloreux, David, The Key Dimensions of Knowledge-Intensive Business Services (KIBS) Analysis: a Decade of Evolution [J]. Arbeitspapiere Unternehmen und Region, 2007 (1): 7-14.

[182] Muller E, Doloreux D., What We should Know about Knowledge-Intensive Business Services [J]. Technology in Society, 2009, 31 (1): 64-72.

[183] Navaretti G B., Multinational firms in the world economy [M]. Princeton University Press, 2004.

[184] Navas-Alemán L., The Impact of Operating in Multiple Value Chains for Upgrading: the Case of the Brazilian Furniture and Footwear Industries [J]. World development, 2011, 39 (8): 1386-1397.

[185] Neilson J, Pritchard B, Yeung H W., Global Value Chains and Global Production Networks in the Changing International Political Economy: An Introduction [J]. Review of International Political Economy, 2014, 21 (1): 1-8.

[186] Ng F, Yeats A., Production Sharing in East Asia: Who does What for Whom, and Why? [M]. Springer US, 2001.

[187] Nordås H. K., Trade in Goods and Services: Two Sides of the Same Coin? [J]. Economic Modelling, 2010 (27): 496-506.

[188] Ozawa T., Japan in A New Phase of Multinationalism and Industrial Upgrading: Functional Integration of Trade, Growth and FDI [J]. Journal of world trade, 1991, 25 (1): 43-60.

[189] Pietrobelli C, Rabellotti R., Upgrading in Clusters and Value Chains in Latin America: The Role of Policies [R]. Inter-American Development Bank, 2004.

[190] Ponte S, Sturgeon T., Explaining Governance in Global Value Chains: A Modular Theory-Building Effort [J]. Review of International Political Economy, 2014, 21 (1): 195-223.

[191] Powell W., Neither Market Nor Hierarchy: Network Form of Organization [J]. Research in Organizational Behavior, 1990 (12): 295-336.

[192] Porter M E, Millar V E., How Information Gives you Competitive Advantage [J]. 1985 (1): 7-14.

[193] Porter M. E., On Competition [M]. Harvard Business School Press, 1998a.

[194] Penrose E., The Theory of the Growth of the Firm [M]. Oxford: Basil Blackwell, 1959.

[195] Prahalad C. K., Hamel, G., Competing for the Future [J]. Cambridge: Harvard Business School Press, 1994.

[196] Piore M. and Ruiz Durán, C., Industrial Development as a Learning Process: Mexican Manufacturing and the Opening to Trade [J]. in M. Kagami, J. Humphrey and M. Piore (eds), Learning, Liberalisation and Economic Adjustment Tokyo: Institute of Developing Economies [J]. 1998 (1): 191-241.

[197] Quadros R M., O tradutor e intérprete de língua brasileira de sinais e língua portuguesa [J]. Secretaria de Educação Especial, 2004 (2): 7-14.

[198] Romer P. M., Increasing Returns and Long-Run Growth [J]. The Journal of Political Economy, 1986, 16 (5): 1002-1037.

[199] Rivera-Batiz F. L., Increasing Returns, Monopolistic Competition, and Agglomeration Economies in Consumption and Production [J]. Regional Science and Urban Economics, 1988, 18 (1): 125-153.

[200] Rentzhog M., At your Service: The Importance of Services for Manufacturing Companies and Possible Trade Policy Implications [J]. Swedish Board of Trade, 2010, 5 (2): 53-67.

[201] Rowthorn R, Ramaswamy R., Growth, Trade, and Deindustrialization [J]. IMF Staff Papers, 1999 (1): 18-41.

[202] Sako M, Helper S., Determinants of Trust in Supplier Relations: Evidence from the Automotive Industry in Japan and the United States [J]. Journal of Economic Behavior & Organization, 1998, 34 (3): 387-417.

[203] Sturgeon T J., Modular Production Networks: A New American Model of Industrial Organization [J]. Industrial and Corporate Change, 2002, 11 (3): 451-496.

[204] Schmitz H., Knorringa P., Learning from Global Buyer [J]. Journal of Development Studies, 2000, 137 (2): 177-205.

[205] Schmitz H, Stamm A., Breakthrough? China's and India's transition from Production to Innovation [J]. World development, 2008, 36 (2): 325-344.

[206] Teece D. J., Profiting from Technological Innovation: Implications for Integration, Collaboration, Licensing and Public Policy [J]. Research policy, 1986, 15 (6): 285-305.

[207] Teece D, Pisano G., The Dynamic Capabilities of Firms: An Introduction [J]. Industrial and Corporate Change, 1994, 3 (3): 537-556.

[208] Tewari M., Successful Adjustment in Indian Industry: The Case of Ludhiana's Woolen Knitwear Cluster [J]. World Development, 1999, 27 (9): 1651-1671.

[209] Timmer M P, Erumban A A, Los B, et al., Slicing up Global Value Chains [J]. The Journal of Economic Perspectives, 2014 (1): 99-118.

[210] Vandermerwe S., Rada J., Servitization of Business: Adding Value by Adding Services [J]. European Management Journal, 1989, 6 (4): 314-324.

[211] Vandermerwe S., The Market Power is in the Services: Because the Value is in the Results [J]. European Management Journal, 1990, 8 (4): 464-473.

[212] Venables A. J., Equilibrium Locations of Vertically Linked Industries [J]. International Economic Review, 1996, 5 (2): 341-359.

[213] Vera-Cruz A O, Dutrénit G., Spillovers from MNCs through Worker Mobility and Technological and Managerial Capabilities of SMEs in Mexico [J]. Innovation, 2005, 7 (2-3): 274-297.

[214] Weitzman M. L., Monopolistic Competition with Endogenous Specialization [J]. The Review of Economic Studies, 1994, 61 (1): 45-56.

[215] Windrum P., Tomlinson, M., Knowledge-Intensive Services and International Competitiveness: A Four Country Comparison [J]. Technology Analysis & Strategic Management, 1999, 11 (3): 391-408.

[216] Williamson O., The Economic Institutions of Capitalism: Firms, Markets, Relational Contracting [M]. London: Macmillan, 1985.

[217] Williamson O., Markets and Hierarchies [M]. New York: Free Press, 1975.

[218] Ng F, Yeats A., Production Sharing in East Asia: Who does What for Whom, and Why? [M]. Springer US, 2001.